Stéphanie Rigaud de Gaytan

DEUX MORCEAUX
D'UNE MÊME PIERRE

© 2008 Stéphanie Rigaud de Gaytan

© Photographie : Arturo Gaytan Covarrubias

Fabrication : Books on Demand GmbH, Norderstedt, Allemagne

Editeur : Books on Demand, 12/14 rond point des Champs Elysées, 75008 Paris, France

Dépôt légal : Novembre 2008

ISBN-13: 9782810601691

A mon compagnon de vie,

Tu sais que ton histoire mériterait un livre, c'est un vrai scénario, un conte de fées des temps modernes...

Ma vie, un roman ? Dur à croire. Je n'ai jamais aimé me mettre en avant, par contre chercher à ce que les autres soient fiers de moi, ça oui, je confesse. Sans doute ce côté artiste qui ne vit qu'à travers l'œil du spectateur, oui c'est déjà plus moi. Les lumières, le piédestal, la mise en avant, non, le feu des projecteurs aussi jouissif doit-il être m'a toujours paru effrayant. Faire son bonhomme de chemin et n'avoir que faire de l'avis négatif de faux amis de passage.

Cela a commencé comme ça ou peut-être différemment, car les années passant, les souvenirs s'étiolent, se dissolvent, mais certains états d'âme, certaines paroles, elles restent et marquent.
Non seulement le corps est l'écran de nos souffrances ou de nos chutes passées, mais l'esprit lui aussi absorbe, éponge et garde en mémoire notre vécu.

*

Alors me voilà, j'ai quatorze ans, blondinette aux yeux verts joliment cachés par des lunettes à la déco qui - en revoyant mes photos de classe de l'époque - me projette dans un état voisin entre l'écoeurement et la déconcertation. Que je vous décrive ces merveilles au goût kitsch chaque année renouvelé... discrètes, sobres, pas tape à l'œil tel que des motifs zébré ou léopard ; les dits-motifs sereinement plaqués sur d'épaisses montures en plastique, qui, en les prenant sur le côté laissaient apparaître des verres d'une impressionnante épaisseur, verres affectueusement appelés « en cul de bouteille », apanage des myopes, donnant un regard de rat.

A ce doux portrait venait s'ajouter toutes les joyeusetés liées à l'adolescence et à cette période magique qu'est la puberté. Mon visage tel une toile librement inspirée du *dripping* de l'artiste Jackson Pollock, technique qui consiste à percer des petits trous dans un seau et d'en laisser couler le contenu au hasard sur la toile.

Eh bien imaginez maintenant mon visage-toile et une peinture-boutons qui se serait amusée à me moucheter le visage de taches colorées. L'inspiration de l'artiste s'étant dans mon cas attachée à certaines parties chéries telles que le front, le nez ou encore le menton.

Je ne veux cependant pas vous affoler et que vous ayez peur de poursuivre votre lecture. On ne me jetait pas non plus de pierres dans la rue, ni on ne se moquait de moi outre mesure. Il faut dire que cette technique de *dripping* était fort répandue chez nombre de mes congénères de l'époque, des époques passées, comme à venir.

*

Sinon, car c'est important, les études…

Je me revois encore devant ces visages connus ou tout juste me demandant la bave presque apparente « Comment vont les études ? » « Ca marche à l'école ? » « Elle a de bons résultats la petite ? », questions semblant brûler les lèvres de l'entourage plus ou moins large.

« Ben oui m'sieurs dames à part une aversion pour les mathématiques, tout roule impecc' ». - Aversion pour les mathématiques - je me permets de revenir dessus, aversion (c'est bon de le répéter encore) que des heures entières passées devant des pages noircies d'équations ou de problèmes en tous genres n'ont pas réussi à endiguer. Déjà le terme « problème » est bien trouvé, non ? Oui le mot est juste, un problème, bon qui dit problème dit théoriquement une solution ainsi va le dicton, normalement…

Mon père m'a toujours dit « les maths, la réponse est dans la question, il suffit de lire et tout est là ». Blocage ou pas, mon cerveau n'a jamais trouvé ou compris le côté ludique de la chose.

Toutes les matières scientifiques ne me rebutaient pas, bien au contraire. J'avais un goût certain pour les sciences physiques, la biologie où je pouvais passer des heures à dessiner, faire des recherches sur un mollusque presque inconnu du commun des mortels mais qui a mes yeux de rat de bibliothèque revêtait des ressources insoupçonnées.

Je me rappelle d'un cocon d'insecte que mon grand-père Daniel avait trouvé dans son jardin, il fut l'objet de beaucoup d'attentions de ma part, de croquis soignés, de photos, de graphiques...

J'ai toujours été plus littéraire que scientifique, adorant lire, me laissant envahir par un récit, m'évader, être tour à tour chevalier, vaurien ou troubadour, surpassant ou dévoilant nos peurs et nos propres barrières.

*

En parlant de barrières, une qui peut paraître insurmontable est bien celle des langues étrangères. Qui ne sait jamais retrouvé penaud à vouloir demander son chemin hors de nos frontières, à baragouiner les quelques mots que de très anciens souvenirs laissaient encore venir à l'esprit, se trouvant là, confus, rougissant ?

Au collège, le choix d'une seconde langue étrangère après l'anglais ne fut pas l'objet de tergiversations, ce serait l'espagnol. Peut-être est-ce dû à mes origines hispaniques du côté de ma grand-mère maternelle Thérèse, dont le nom de jeune fille est Cordero (traduction = agneau), les gênes peuvent et je n'en doute pas ressortir là où l'on s'y attend le moins !

Et puis l'espagnol a un je ne sais quoi en plus, langue chantonnante, douce à l'oreille, mélodieuse. Je ne veux pas me mettre à dos tous les germanophiles/phones qui me liraient, mais pour moi, critère tout aussi subjectif que bien ancré dans mon esprit, l'allemand est un idiome rêche, froid, rugueux. « Pardon germanophile, je me flagellerai pour avoir dit ma pensée profonde ».

A mon époque, l'allemand faisait une sélection implacable, les meilleurs élèves prenaient d'office allemand, sans doute parce que je n'aimais déjà pas qu'on m'impose un choix sans avoir à réfléchir plus en avant et par première rébellion, bien timbrée cependant, j'optais donc pour l'espagnol.

Dès les premières heures de cours, l'enchantement a été réel et l'apprentissage de la langue captivant.

*

C'est durant cette même année que notre professeur nous a transmis une brochure d'un organisme finnois. Pour ceux qui le souhaitait et en échange de 10 francs - comme le temps passe - nous devions remplir un formulaire où nous indiquions un pays, le sexe et l'âge d'un futur correspondant.

Sous quelques semaines, nous allions recevoir par la poste les coordonnées de l'heureux (se) élu (e), auquel il ne resterait plus qu'à envoyer un premier courrier pour se présenter. A partir de ce moment là, ma vie d'ado a pris une nouvelle dimension, cela peut paraître j'en conviens disproportionné, mais pourtant c'était vraiment cela, une dimension internationale.

Le monde s'ouvrait à moi à quatorze ans et des brouettes.

*

Mon choix s'est porté sur différents pays, je devais par ce biais parfaire mon anglais. J'ai opté pour l'Angleterre, quelle recherche, quelle recherche !

L'aventure a commencé avec une anglaise de mon âge, Hélène, le style typiquement anglais comme on se l'imagine, rousse, grande, mince, collège privé, costume réglementaire, avec un accessoire en plus, un appareil dentaire. Appareil qui combinait avec *dripping* girl que j'étais, chacun portait son fardeau. Moi les dents héritées de la dentition parfaite maternelle allaient à merveille !

Je ne suis pas là pour vous mentir, vous faisant miroiter une subite progression en anglais, car Hélène de son côté avait débuté des cours de français et a trouvé là l'occasion rêvée de mettre en pratique ses leçons. C'était un pur régal de recevoir ses lettres, très bien tournées, nous faisant sourire mes parents et moi, car bien souvent les articles masculins et féminins étaient inversés.

Notre correspondance était au fil des lettres garnie de découpage de catalogues, de photos de groupes de musique en vogue en France et Outre-Manche, de posters de mannequins trop canons de l'époque, de pièces de monnaie, de cartes postales, de sujets étudiés à l'école et j'en passe.
Cela a duré deux ans au rythme soutenu d'un courrier tous les quinze jours et de cartes postales pendant les vacances scolaires.

*

A quelques mois d'intervalle et parce qu'il fallait malgré tout que je pratique mon anglais, je partis en quête d'une nouvelle correspondance.
Comme la petite blondinette commençait à voir les gnomes masculins de sa classe - ces jeteurs de gommes - plus aussi ridicules et risibles qu'auparavant... Fichues hormones ! Je choisis cette fois-ci un correspondant.

Concernant mon futur ami, allez savoir pourquoi dans mon esprit tordu, j'ai jeté mon dévolu sur la Grèce, en la personne de Kostas qui avait pour loisir de jouer dans l'équipe junior du Panathinaikos, les amateurs de football, feront un « wow » eh oui j'avais des relations.

Il avait un an de plus que moi, tant qu'à faire.

Les missives de Kostas étaient plus courtes, moins documentées et plus espacées que celles d'Hélène, mais la joie de recevoir du courrier pour moi, inchangée.

Découvrir qui il était, ses frères et sœurs, son pays, sa culture, les plats typiques, les rituels, les traditions. Nous échangions aussi les sentiments ou ressentiments que nous pouvions éprouver par moment à l'égard des professeurs, de notre entourage ou de nos amis.

*

A la même époque, l'envie de pratiquer mon espagnol en dehors des cours me titillait, en optant pour deux nouveaux pays hispanophones cette fois-ci, j'allais voir ma soif de découvertes latines assouvies.

Le choix s'est porté sur le Pérou et le Mexique, avec respectivement une jeune fille nommée Rosa María que je n'ai pas tardé à appeler par son surnom Romy, ayant le même âge que moi quatorze ans et demi. Oui les ados adorent les demis, et dire que des années plus tard la coquetterie fait qu'à trois mois de mes vingt-neuf ans, je réponds encore j'ai vingt-huit ans… les temps changent.

Romy, jolie brune aux cheveux très longs aux reflets quasi bleutés tant sa teinte est intense, peau mate, yeux noirs ébène, une vraie beauté naturelle.

De l'autre, mon nouvel ami mexicain Arturo, d'un an plus âgé, je m'aperçois que je choisissais toujours les garçons avec un an de plus, pour l'expérience de la vie et la maturité sans aucun doute.

*

Kostas, suite à un grave accident de moto a peu à peu cessé d'écrire, il a quand même poursuivi nos échanges un certain temps. Il dictait à sa sœur ses mots et elle gentil scribe les retranscrivait. J'ai su dans sa dernière lettre qu'il avait une petite amie et que notre amitié n'était pas du goût de la jeune grecque, même s'il n'y avait rien de « guimauve » ou de romantique entre nous, ce fut la fin de notre correspondance.

J'en garde un très bon souvenir et en mémoire de nos échanges un joli cadeau de sa part, un bracelet en cuir avec une petite pièce de monnaie percée, au centre de laquelle était posée une pierre turquoise. J'aimais beaucoup le porter à l'époque.

*

Face à ces derniers événements, je me tournais donc complètement de l'autre côté de l'océan en lançant une première lettre simultanée en Amérique Centrale et Latine.

Etant donné que l'écriture dans une langue étrangère que l'on débute demande il faut le dire des efforts, honteusement je l'avoue, j'écrivais bien souvent à mes deux amis, la même chose. Après tout j'avais les mêmes événements à leur narrer, et quels événements ! Des péripéties complètement hors du commun qui pouvaient arriver dans ma trépidante vie d'adolescente. Chose rigolote, ils sont nés à un jour d'intervalle, je groupais donc aussi les envois pour leurs anniversaires, l'une étant du 26 et l'autre du 27 mai.

Après chaque envoi, j'attendais avec beaucoup d'impatience la réponse, réponse qui se faisait attendre via la lenteur des systèmes postaux environ un mois, car eux comme moi ne perdions pas de temps à nous écrire à réception des courriers de l'autre. La découverte d'une lettre, d'une carte postale ou d'un paquet était un moment unique, de grande euphorie.

Le format des envois de Romy était fabuleux, unique en son genre. Elle enveloppait ses lettres, photos, brochures dans un tissu, une sorte de lin, qu'elle cousait avec soin. Au final, cela ressemblait à une sorte d'édredon boursouflé et irrégulier. Imaginez ma joie en ouvrant la boîte aux lettres d'y découvrir ce mystérieux contenu !

Le toucher a toujours eu pour moi une valeur singulière, palper la lettre, reconnaître le type de papier, le grammage, la douceur ou la rugosité de la page. Déplier la lettre, la replier, la ranger, la ressortir... Puis d'autres sens prennent le relais, voir se dessiner sous nos yeux une écriture, ronde, petite, anguleuse ou encore serrée ; détailler si la page est décorée, agrémentée de dessins, de stickers, de poèmes.

*

A l'époque, je me posais beaucoup de questions sur mes correspondants.

Comment est la vie au Pérou ?

Romy, vis-tu dans une sorte de case faites d'assemblages végétaux ?

Es-tu vêtue de couleurs chatoyantes ?

Tes animaux de compagnie sont-ils les lamas ?

As-tu souvent les joues brûlées par le soleil à la manière des tribus andines ?

Tu sais Romy, ici les petits français décorent un sapin pour Noël, avec des guirlandes et des boules multicolores. On dispose des autocollants du père Noël et de bonhommes de neige aux fenêtres. Le Père Noël (enfin les parents, chuuutttt) déposent des cadeaux au pied du sapin la nuit du 24 au 25 Décembre pendant que les enfants dorment.

*

Comment Romy ?

Tu as comme animal de compagnie un chat ? Pas de lama de compagnie donc... oh.
Tu t'habilles tout comme moi, tee-shirt et jean. Tu as une maison qui ressemble à la mienne. Tu fêtes toi aussi Noël et je dois dire que la photo que tu m'as envoyée de votre sapin n'a rien à envier à nos décorations, le tien est tout aussi beau et majestueux, fait de nœuds rouges et or.

Il y a plein de choses qui font que tu es aussi différente de moi et ça me plaît beaucoup.

Les petits péruviens, tout comme les mexicains, espagnols et nombre de pays hispanophones ont deux Noël, le premier tout comme le notre et le second le 6 Janvier avec le passage des Rois Mages : Gaspard, Balthazar et Melchior. Un peu avant cette date, les enfants écrivent un vœu sur un morceau de papier, l'enroule soigneusement et l'accroche au moyen d'un ruban à un ballon qui ira via les airs rejoindre les Rois Mages.

Après avoir entre aperçu mes premières découvertes au pays du Machu Picchu, au travers de mon début d'amitié avec Romy, voici les interrogations que pouvait encore féconder mon cerveau.

*

Arturo vivait-il lui aussi en costume traditionnel ?

Se promenait-il avec un grand chapeau sur la tête à longueur de journée, une guitare en bandoulière ?

Dormait-il à l'ombre d'un cactus ?

Autant d'idées préconçues qui font imaginer aux étrangers pas plus enclin de recherches qu'un français porte le fameux béret et se balade un litre de vin à la main, une baguette, un camembert de l'autre.

Comment est ta vie là-bas de l'autre côté de l'océan, dis moi Arturo ?

Eh bien non, Arturo n'est ni un mariachi, ces musiciens et chanteurs émérites collés serrés dans leurs pantalons noirs, ourlés et brodés de dorures, pas plus qu'un hors-la-loi, bandit qui vient te détrousser au détour d'une rue, brandissant sous tes yeux un calibre, le visage non masqué, serein, pour te retirer quelque menu monnaie, ou époque actuelle oblige ton portable. Cela peut paraître sorti d'un film mais au Mexique cela fait aussi parti du quotidien.

Non, rien de tout cela, un garçon de quinze ans, maigrichon, aimant le surf, qui m'avait envoyé une photo où il posait en compagnie de María de La Luz, dit Marilù sa sœur aînée. Il a également une sœur plus jeune Elisabeth, surnommé Liz de six ans sa cadette.
Il semble plutôt posé, a beaucoup de responsabilités depuis des années déjà, que mes compatriotes boutonneux ne pourraient même pas imaginer pour la plupart. Lui enchaîne l'école, ses devoirs et aide son oncle au restaurant.

Son objectif étant quelques années plus tard d'intégrer l'une des plus brillantes écoles de Mexico, si ce n'est la meilleure et la plus sélective, la UNAM (Université Nationale Autonome Mexicaine).

Beaucoup de doutes, d'épreuves ont ponctué nos années de correspondance, mais un mexicain ne se laisse pas souvent aller au défaitisme, la Vierge de Guadalupe, mère protectrice veille sur eux, les accompagne et les guide. La religion est vue ici au quotidien, elle délivre force, espoir et fait espérer un lendemain plus clément.

*

Romy avait à cette époque deux petites cousines du même âge que ma cousine Aurélie et mon cousin Valentin, c'était un vrai régal d'échanger avec elle sur ce thème, d'envoyer des photos de nos cousins/cousines respectifs. Les voir grandir, sans nous-mêmes nous voir changer. Les années collège touchaient à leur fin, nous allions rejoindre les « grands » du lycée.

Cette étape a sonné pour moi comme une nouvelle autonomie, qui prit la forme d'un bolide gris métallisé, engin qui débridé atteignait les 60 kilomètres/heure...

Ce fut un réel changement dans ma petite vie, je savourai cette nouvelle liberté et l'arrivée dans un lycée de trois mille élèves. J'ai tout de suite aimé cet anonymat, bien sûr il y avait toujours çà et là des têtes familières mais perdues dans l'immensité de tant de nouvelles.

*

Heureusement, la fière équipe du collège composée de Marie et Céline étaient dans la même classe que moi, orientée littéraire option arts plastiques. Quelle évasion cette classe, que de découvertes, d'expérimentations...

Arts plastiques : Triturer la matière, coller, faire brûler, modeler tout ce qui nous passait entre les mains. Duchamp, célèbre artiste qui a laissé une grande trace dans l'histoire artistique en déposant - entre autre - un urinoir au milieu d'une salle d'exposition, en y apposant sa signature et en déclarant que « *Tout est art* », nous a beaucoup inspiré.

Cette phrase n'étant pas tombée dans l'oreille d'une sourde, je me suis employée à la mettre tout de suite en pratique. L'apprentie « sorcière-artiste » s'est donc mise à badigeonner ses toiles de Cif, Blanco et autre peinture liquide ou visqueuse. Mais le travail ne s'arrêtait pas là, la pyromane en herbe allait ensuite incendier l'œuvre pour qu'elle prenne tout son sens, qu'elle se révèle.

Les relents toxiques des mixtures, les explosions qu'elles auraient pu engendrer en associant tous ces solvants ne me venait même pas à l'esprit.
Mais que c'était bon de voir la matière prendre vie, changer de forme, de texture, se faire bulle, se craqueler, se gonfler, se fissurer, se brunir, prendre vie sous mes yeux.
Je m'en donnais à cœur joie dans cette zone libre de toute contrainte où seule l'imagination me conduisait. C'était aussi un défouloir, au fil de ces trois années, déversoir du stress des révisions des pages d'histoire, de toutes ces dates à ingurgiter. En résumé, une vie comme vous le voyiez très studieuse avec mes complices, bouillonnement d'idées, crépitement de neurones, de : « Tout est possible ! ».

Nous étions engagées, prêtes au combat pour sauver la planète, les arbres, aider notre prochain, faire des piquets de grève ou encore nous asseoir en pleine rue principale de notre ville pour faire valoir nos droits bafoués.

C'est à cette même époque que la philosophie est entrée dans ma vie, non pas que j'ai mûri brusquement ou pris des airs de sages chinois sur qui le matérialisme de nos vies modernes n'a pas de prise, non rien de tout cela.

J'ai seulement débuté l'étude de la philosophie, cette matière imbuvable, inutile pour certains était devenue notre puits de compréhension. Rien d'abstrait dans ces textes, au contraire, rien que des enseignements, des pistes qui pouvaient nous aider au quotidien, des thèmes majeurs étaient étudiés tel que la relation à l'autre, l'amour, le désir, la loyauté, l'envie, l'amitié, la propriété, les apparences, etc.

Sans vouloir paraître pompeuse, je pense que cette matière m'a modelée, m'a fait réfléchir, me questionner sur moi, les autres, l'image que les autres avaient de moi... Notre professeur de l'époque doit être pour beaucoup dans notre goût pour sa matière.

*

En cette période de choix d'études supérieures, plusieurs voies me faisaient de l'œil : les langues, les lettres et les arts. Cette dernière qui combinait l'une de mes plus grandes passions a été la plus forte, sans doute car elle était la vie même.

Penser, trouver l'idée, la voir germer, se développer, d'embryon devenir vrai projet puis se réaliser concrètement. « Accoucher d'une idée », j'ai toujours affectionné l'image de Socrate qui disait qu'à la manière d'une sage-femme - comme sa mère - qui aide à faire naître les enfants, les philosophes sont des accoucheurs des esprits. Ils touchent à l'invisible, révèlent ce qui n'était pas palpable, pas compréhensible à première vue. Ils nous font nous étonner de notre quotidien.

*

Mon choix s'est porté sur différentes écoles des Beaux-Arts où je devais passer le concours d'entrée, sélection féroce, peu d'élus. Je me rappelle avoir le jour de mes 18 ans été à Lyon pour me présenter aux épreuves orales et écrites en compagnie de mes parents, de Céline et sa maman. Grand moment de stress pour ce passage à la majorité.

Le jury était à chaque fois très « particulier », des salves incisives fusaient de part et d'autre de chacun des membres. Ils voulaient voir ce qu'on avait dans le ventre, si ces visages de poupons tout enrubannés de leurs bons résultats allaient pouvoir vivre, survivre dans leur établissement ou alors s'émietter comme de toutes petites choses à la première critique assassine.

Finalement mon projet a eu l'air de convaincre, j'avais le choix entre différentes écoles, après réflexion, pesage soigneux du pour et du contre, seules deux restaient en lice : Dijon et Saint-Etienne. Deux villes à égale distance de chez moi, mais un je ne sais quoi m'a tout de suite attirée vers Saint-Etienne, l'école était en plus très réputée pour ses cours d'infographie et par la suite de design.

Joie de la réussite aux concours, le Bac avec mention Bien, le permis de conduire en poche, tout détonnait, tout allait de mieux en mieux. Je maîtrisais ma vie, je contrôlais. Mais la vie est toujours la plus forte, non ?

*

Elle m'a retiré au même moment mon grand-père, Pépé Lucien, pourtant solide, inébranlable à mes yeux. De souvenirs de petite fille ou d'adolescente, je ne l'avais jamais vu malade, certes il avait du diabète, de la goutte sans doute due à une tradition familiale qui fait honneur à la cuisine riche, savoureuse, crémeuse.

Je me rappelle d'ailleurs les papilles en émoi des pommes de terre dauphine, les boules de pâte lancées dans la friteuse bouillonnante, les poissons fraîchement sortis de l'étang et qui ne tarderaient pas à être cuisinés, les choux farcis de crème pâtissière, les bonnes odeurs de caramel, que de sons, de crépitations dans la cuisine, tes grandes mains expertes au service de notre palais.

Mon grand-père portait bien souvent quand nous étions dans notre maison de campagne des marcels un peu trop grands associés à son tablier de cuistot en jean bleu délavé et c'était parti le maître était en piste pour ses œuvres. Je peux vous assurer que lors de ces grandes tablées familiales ou entre amis, personne ne repartait avec la faim ou la soif !

Ce coup de fil, ce fameux coup de fil, papa décroche, moi j'étais à l'étage au milieu des livres et des post-it recouvrant mon bureau, en train de plancher sur une dissertation.

Il a crié « Pépé a fait un malaise, mais rien de grave », que rien ne m'empêchait de finir mon travail et qu'il donnerait rapidement des nouvelles rassurantes. Ces bonnes nouvelles ne sont jamais arrivées, une rupture d'anévrisme, cela touche ou peut toucher tout le monde, sans véritable alerte, sans crier gare, rien à dire, seulement encaisser.

*

La mort cycle de la vie, inéluctable, injuste, pourquoi maintenant, encore tant de choses à se dire. On n'était pas du genre à montrer nos sentiments avec pépé ou plutôt lui n'était pas du genre à montrer les siens. Par la suite j'appris par mémé Denise, son épouse qu'il était fier de moi, qu'il avait même dans son portefeuille une photo d'un dessin que j'avais fait représentant des escargots le plus fidèlement possible. Dur dur, j'ai du mal avec la mort, comme tout un chacun, oui sans doute, mais j'ai du mal.

Tout s'arrête et tout s'enchaîne si vite, des messieurs en noir, toi en noir, les autres en noir, morceau de bois, de la terre, des fleurs, des larmes, tous ensemble autour du feu qui crépite, mémé digne qui ne réalise pas encore qu'elle vient de perdre l'homme de toute une vie.

On va manger parce que oui nous on est bien vivants alors on a faim, moi j'ai pas envie de manger, j'ai pas envie de discuter, de dire ce que je fais à l'école. Je ne veux pas faire bonne figure, j'ai mal vous pouvez comprendre ça.

Mais en même temps je dois être forte, je ne veux pas non plus m'écrouler pour faire parler les « cancaneuses », langues de vipère là seulement pour relayer à leurs comparses le dosimètre de chagrin, la quantité lacrymale écoulée, le nombre de gens présents, « Il était aimé, il y avait du monde et les gens avaient du chagrin ».

Continuer, dégeler la voiture parce que les températures étaient extrêmes cette année-là, enlever la neige du chemin, mettre du sel pour que la voiture puisse monter la côte.

*

Comme vous avez pu lire son nom cité plus haut, je voudrai vous parler également d'une des personnes que j'ai le plus aimé au monde, ma grand-mère, Mémé Denise. Une femme pour qui les superlatifs ont été crées : la plus douce, sensible et effacée que je connaisse associée à une cuisinière hors pair.

Je me rappelle des délicieux gâteaux marbrés qu'elle me concoctait pour mes anniversaires et dont les copains se délectaient. Onctueux, moelleux, un délice. Petite je les préparais avec elle et comme à mon habitude je ressortais couverte de farine, réussissant à me maquiller de poudre blanche malgré le grand tablier qui me recouvrait les trois-quart du corps.

C'était le temps de la trempette, mon grand-père mangeait sa soupe avec une lichette de vin rouge dedans et me la faisait tester.
Je devais sans doute plus apprécier à cette époque que maintenant, le goût de l'interdit, effleurer des lèvres un rituel d'adulte ou pour faire plaisir à pépé qui se plaisait à ce petit jeu que nous faisions en cachette de mémé.

Elle me disait à chaque fois « je ne sais pas s'ils sont bien réussis mes gâteaux ma petite Stéphanie », malgré le fait qu'elle prélevait toujours une toute petite portion, minuscule pour tester, de peur d'avoir raté son gâteau mais qui au final, je vous l'assure était toujours un délice qu'on s'arrachait et dévorait goulûment ! J'aimais tout particulièrement le dessus qui n'était pas complètement cuit et collait un peu au doigt et au palais.

Au fil des ans, la jeune femme menue, sylphide qu'elle était lors de son mariage - j'ai pu le voir uniquement d'après les photos-, s'est développée au contact du goût pour la bonne chair de pépé. De mes souvenirs, je n'ai qu'une vision d'elle bien en forme, en rondeurs, madone à la peau laiteuse, au grain de beauté sur la joue qu'elle a transmis à son fils et dont j'ai moi-même hérité, tout comme ses dents du bonheur.

Il faut dire que le régime alimentaire de mémé se composait quasi essentiellement de fromage, son péché mignon, de fraises au sucre ou de sucre avec quelques fraises pour décorer, d'escargots sur un lit de pâtes fraîches et de glace à la pistache.

J'aimais aller la voir pour discuter de tout et de rien. Elle me racontait souvent l'histoire de gens dont j'étais censée connaître l'existence mais dont je ne me rappelais pas ou à grand-peine.

Il se dégageait d'elle bonhomie, tendresse, une chaleur agréable et une gentillesse communicative. Pendant les grandes vacances dans la maison de campagne, on en profitait pour aller dans une ferme voisine, dans un lieu-dit qui se nomme « Les Bois Rouges », là-bas je jouais au milieu des vaches, des lapins. Je voyais Camille le fermier sur son tracteur labourant les champs aidé par son fils Fabrice ou bien son épouse Andrée nous montrant comment elle préparait le beurre, le vrai beurre fermier au goût complètement différent de celui de nos supermarchés.

Mémé achetait là-bas une poule ou un poulet qu'elle ferait cuire et dorer pendant des heures lors du prochain week-end, le jus et le gras du poulet tombant et parfumant un énorme plat de pommes de terre.

La vie au grand air, la vie légère.

*

Une phrase de mon grand-père m'est restée de nombreuses années en tête, car il n'était pas du genre à dire ces choses-là, « tu prendras toujours bien soin de ta grand-mère hein ma petite-fille », je lui avais dit « oui pépé, ne t'en fait pas ».

On allait parfois au salon de thé avec mémé Denise, lieu uniquement fréquenté par des mamies, la gent féminine, coriace, restant plus longtemps que leurs époux en ce bas monde. Salons richement décorés, très chargés où les odeurs de chocolat chaud et de café fraîchement torréfié nous enivraient dès l'arrivée. Nous entrions dans une caverne d'Ali Baba, de vraies polissonnes qui allaient repartir le ventre plein de douceurs.

Les petits gâteaux, les mignardises, chefs-d'œuvre miniatures au chocolat, petites architectures oniriques au caramel, tartelettes au citron vert faisaient du gringue à chaque gourmand qui sommeille en nous et qui ne tarderait pas à succomber avec délice et sourire gourmand à la tentation sucrée.

C'était doux, c'était léger, une barbe à papa qui se diffuse en soi ma mémé.

Elle relevait toujours ses cheveux en chignon, pas un chignon strict, austère, non, un chignon vaporeux fait de cheveux fins qu'elle retenait par de petites épingles qui tombaient facilement et dont elle parsemait toute la maison.

Il a bien fallu qu'un vorace cancer du cholédoque surgi de nulle part, - personne n'a jamais eu de cancer dans la famille - nous l'enlève en quatre mois. Comme c'était dur de la voir dépérir, se flétrir, s'abîmer, elle si bonne vivante ne touchant plus à son fromage chéri, boudant toute nourriture, maigrissant.

Nous avons tout tenté, nous rattachant à chaque espoir, mais elle est partie rejoindre pépé. Je ne remercierai jamais assez Laurent, mon premier amour, de m'avoir tant épaulée dans ce moment-là où je perdais pied, où j'avais besoin de changements, de bousculer mes certitudes, mes acquis, où mes cheveux d'ordinaire si clairs étaient devenus noir corbeau, couleur de mon deuil, de ma peine.

Deux dernières petites anecdotes sur mémé, elle n'aimait pas les fleurs, ce n'est pas courant chez une femme, dès que des amis lui offraient un bouquet ou une plante elle nous les donnait. Peut-être n'aimait-elle pas les voir se faner, je n'ai jamais su. Et autre chose, la couleur de mémé c'était le rouge, rouge vibrant, rouge éclatant, rouge à lèvres, vêtements rouge, rouge, rouge, rouge.

Le rouge et les robes parce qu'elle avait tout le temps chaud ma mémé alors quelle que soit la saison elle portait une robe, bien souvent colorée. Seule exception dans sa garde-robe, un ensemble avec pantalon bleu marine que ma tante Flo lui avait offert. Je crois que c'est l'unique fois où je l'ai vue en pantalon.

Petit détail, je n'ai pas respecté la chronologie des évènements car le moment était venu de vous parler d'elle, je ne voulais pas attendre plus. Mémé est morte huit ans après Pépé.

*

Puis le grand saut, après le frisson de la première liberté motorisée, mon premier appartement. PREMIER appartement, premier chez soi rien qu'à soi, qu'on va pouvoir aménager à son goût.

Mon petit nid douillet, sous les combles, d'où j'écoutais flic floquer la pluie lors des nuits de tempête. 23 m², tout blanc du sol au plafond, avec un escalier en bois qui donnait de la chaleur à la pièce. Trois petites fenêtres donnant sur les toits avec vis-à-vis direct sur mes voisins qui ne devaient pas avoir de frigo et laissaient leurs fruits et légumes sur la terrasse.

Vrai coup de cœur quand je l'ai visité, vieil immeuble de trois étages, sans ascenseur, boîtes aux lettres légèrement défoncées, voisins de pallier un peu douteux, mon amie Espérance, la guadeloupéenne du premier, adorable et Gilles, un voisin toujours en quête de sucre, de beurre, de lait qui me faisait un peu peur, mais gentil au fond, il m'apportait des marrons l'hiver.

Lors de l'emménagement, vers une fenêtre, sous un rideau laissé par l'ancien locataire, j'ai trouvé un tout petit masque maya en terre, que j'ai gardé dans tous mes appartements et que j'ai encore à ce jour chez moi.

*

Je ne vais pas faire la fière, malgré le côté grisant de tous ces changements, il n'a pas toujours été simple au début le coupage de cordon, premier lâchage du bébé, mais vraie prise en main de ma vie, vraie bouffée d'oxygène.

Lieu inconnu, lieu à découvrir, personnes à connaître. Début de nouvelles amitiés qui à ce jour continuent, l'heure du premier amour qui reste à jamais tatoué en soi, de l'ivresse, de la découverte du sexe, de la vitesse, de la danse, de la nouveauté, des premières fois, tant de premières fois, de choix, de non-choix, des « après tout on n'a qu'une vie », des fêtes, des expositions, des musées, des concerts dans les pubs. Vague, déferlante, raz de marée, c'est aussi ça la vie, et c'est bon !

Nouvelle vie ponctuée de balades, de courses poursuites dans la voiture de Laëtitia ou de bonnes petites bouffes chez Amandine, Céline ou Val. Puis dans la voiture, des regards échangés, le temps s'arrête, la voiture dévale les rues vite, vite, j'ai un peu peur, je me sens libre, ta main frôle mon genou, puis reste sur mon genou, rien de plus, tout est dit.

Les études en parallèle, la vision de l'éducation des Beaux-Arts, « Te détruire pour te reconstruire », le but étant une perte rapide de repères, de choses ancrées en soi. Après c'est la guerre, soit tu t'écrases et tu ne resteras pas longtemps en ces lieux, planté là la larme à l'œil avec tes beaux dessins amoureusement crayonnés pendant quatre heures, puis déchirés en lambeaux par le gentil professeur.

Soit tu luttes, tu te bouges, tu te bats, certes tu crèves d'envie de fracasser la tête du gentil professeur sur la belle toile toute blanche pour innover, créer un style jamais vu que je nommerai le « cervel art », ça sonne bien.

*

Je ne regretterai jamais mon choix d'études, qui m'a blindé dans la vie, encaissant les « oh elle fait les Beaux-Arts » dépréciatifs, avec sous-jacent : qu'est-ce qu'elle pense faire de sa vie, un crayon à la main et les « oh elle fait les Beaux-Arts » admiratifs face à tout ce que représente cette enseigne et sa renommée.

On peut complètement se perdre dans ces études-là si on ne sait pas ce que l'on veut, laxisme garanti, ne travaille que celui qui veut bien le faire, sinon le couperet de la fin d'année, sélection oblige ne fait pas de cadeau et bye bye l'artiste.

Mais pour celui qui a envie de bosser, qui va puiser dans cette fontaine de nouveautés, tâtonner, toucher à tout, que de découvertes, les cours de sculpture, palpation de la terre glaise, crayonnage de nus, apprentissage des volumes, des courbes, règles d'architecture, leçons d'histoire de l'art, de perspectives, d'informatique, de graphisme, de rédaction…

*

Durant toutes ces étapes, ces passages, vous étiez là tous les deux, Romy et Arturo, me conseillant, m'épaulant, me faisant toujours voir le bon côté des choses et que malgré les épreuves un meilleur m'attendait. Au cours de toutes ces années, je me suis souvent fait la réflexion que vous étiez tout aussi proches voire plus que certains de mes amis de l'époque.

Ainsi filèrent les années étudiantes, avec en seconde année un fantastique échange Erasmus de trois mois au Portugal, à la faculté des Beaux-Arts de Lisbonne.
J'allais y fêter mes vingt ans, nous étions parties à deux avec mon amie Val, Valérie.

Notre maison, la Casa Marvao était peuplée d'étudiants de tous pays, vrai brassage de cultures, des allemands, italiens, portugais, grecs, un capverdien… Paolo, Emanuele, Pietro, Alvaro, Maximilian, Jorge, Nuno.
Vraie communion, vrais échanges, un plat typique du pays d'origine de chacun la plupart des soirs. En l'honneur de la gastronomie française, je me souviens que nous avions fait des crêpes et du boeuf bourguignon accompagné de gratin dauphinois, entre autre.
Les italiens Paolo et Emanuele nous avaient concocté et fait goûter de la vraie pizza, qui selon eux n'était pas aussi savoureuse que celle de la

« mama » mais qui pour nous était délicieuse, ou encore leurs *pastas* qu'ils combinaient chaque jour avec des sauces différentes et saupoudraient du fameux parmesan, souvenir obligé que ramenait chaque étudiant italien dans ses valises lors de ses vacances au pays.

Je garde un souvenir moins mémorable des sardines marinées avec des pommes de terre de notre ami allemand, mais il avait bien d'autres qualités pour faire oublier la cuisine.

Balades le nez au vent aux travers des ruelles tortueuses de l'*Alfama*, le quartier historique de Lisbonne où la communion entre les gens est palpable. Toute petite distance entre les maisons de part et d'autre de la rue, nombre de voisines s'apostrophent pendant qu'elles étendent le linge sur leur balcon respectif. S'enchaînent alors de longues conversations où elles n'ont que faire de la curiosité du badaud les regardant surpris par tant d'entrain.

Souvenir d'une image très marquante, celle du linge étendu et gouttelant sur le promeneur peu attentif à ce qui se déroule juste au dessus de sa tête.

Découverte culinaire ensuite, le fameux *bacalhau*, la morue version sauce tomate et olives ou pommes de terre et oignons, un délice, le tout arrosé de Ginja, digestif à base de cerises servi dans un petit verre à liqueur avec une vraie cerise au fond.

Ma madeleine de Proust là-bas fut les succulentes pâtisseries, les fameux *Pastéis* de Belém, sorte de petits flans typiques portugais à consommer saupoudrés de cannelle, retour en enfance, avant-goût de paradis.

Première fois que j'eus ce sentiment de vivre si sereinement, sans un horaire imposé au dessus de ma tête m'obligeant à me rendre à un rendez-vous, à terminer une tâche urgente, vrai bien-être aux côtés des portugais si gentils, dont les anciennes générations se faisaient un plaisir de nous dire des mots ou des phrases en français, comme ils l'avaient appris à l'école.

*

Et puis j'errais là-bas exaltée par l'amour, le vrai, le premier, plus les amourettes qui me trituraient l'esprit, est-ce que je l'aime ? Peut-être oui, non non, décidemment non.

Là, c'était simple, clair, tranquille, tout doux, le passé effacé d'un revers de manche, un vrai brûlis de sentiments guimauve pour faire place à cette force, à cette passion.

Je suis vivante, je me sens vivante avec toi, en toi, pour toi.

*

Puis retour en France, à nouveau le rythme surchargé, la fin des études, la préparation du diplôme, l'envie de changer d'horizon, de ville.

Avec Internet un nouvel eldorado s'ouvrait à moi, tout d'abord à titre personnel, cet outil me permettait de gagner en réactivité de réponse avec mes amis, ce que l'on perdait en tactilité des courriers papier. Nous pouvions avoir des nouvelles rapides les uns des autres, ces mails que je conserve toujours, témoins de notre complicité.

Puis il y eu une nouvelle vraie rencontre, celle d'une sœur que je n'ai pas, d'une âme jumelle, d'une vraie amie. Marie Stéphanie, Marie Steph, grande rousse aux yeux bleu profonds. Impressionnante, d'un charisme à toute épreuve, dynamique, battante, un exemple à suivre. Nos professeurs dans leur subjectivité à toute épreuve ne lui ont pas permis de passer le diplôme final. Imaginez trois ans d'études, de sacrifices, d'efforts, d'investissements et eux ils ne la laissent pas se présenter au concours final. Quelle injustice, quel dégoût, quel non sens, le tout sans explication.

Je leur en veux, chacun méritait de pouvoir faire ses preuves devant un jury de professionnels, ce n'était pas à eux, professeurs de se prendre pour Dieu et d'imposer un choix ainsi, la dernière année au mois de Février pour des épreuves en Juin.

*

Et pour clore comme un bouquet final cette envie de changer d'air, un jour en rentrant des cours et à quelques semaines du diplôme, j'arrive au second étage de mon immeuble et je vois en face de moi, ce qui aurait dû être ma porte, mais qui n'était plus qu'un trou béant.

De surprise, je suis redescendue d'un étage, ne pouvant croire que c'était bien mon appartement. Et pourtant si, un trou énorme dans ma porte laissait entrevoir un vrai champ de bataille en son ventre.
Sueur froide, n'ont-ils pas détruits mes travaux, longuement préparés, fignolés pour le diplôme, cela sonnerait la fin, trop peu de temps, ni d'argent pour tout recréer maintenant. « Heureusement », seul des vêtements éparpillés, le maigre butin des voleurs s'est composé de choses sentimentales plus que d'argent sonnant et trébuchant, étant étudiante, j'étais loin de pouvoir épater la galerie.

Dans leur cagnotte, des CD, une chaîne Hi-fi jaune vif que Laëtitia venait de m'offrir pour mon anniversaire et c'est tout. Mais un vrai sentiment d'insécurité que je n'avais jamais éprouvé auparavant, me sentant si sereine dans mon petit nid.
Les policiers me dirent par la suite que le voleur avait mis beaucoup de tact et de douceur dans son geste, détruisant ma porte à coups de hache !

La période Saint-Etienne m'a également permis de rencontrer deux amis, deux fidèles amis, Laurent et Karim. Ils faisaient les mêmes études, inséparables, à l'humour corrosif, à la répartie immédiate, au sens de l'autodérision impayable, à l'intelligence vive. Que de rires, de soirées passées avec eux, de bons moments en pagaille que je ne pourrais quantifier.

Leur objectif non dissimulé étant de tenter de délurer « gentiment » la Stéphanie qu'ils jugeaient parfois trop sage ou rebelle seulement intérieurement. Vous comptez énormément pour moi et j'ai la chance de vous avoir toujours à mes côtés.

Diplôme en poche, changement de cap et recherche de nouvelles terres où poser mes valises.

*

Certes l'arrivée des études supérieures, de la charge de travail avait réduit le flux de nos lettres, mais le lien, notre fil d'amitié perdurait année après année.

Déjà dix ans que nous nous connaissions, que nous nous livrions, que nous « cohabitions » Romy, Arturo et moi.
Vous m'avez permis de m'épanouir, de grandir à vos côtés, de ne pas perdre mon espagnol, car une langue se croûte, se faisant lointaine si on ne la pratique pas.

L'Internet a alors pris un caractère professionnel au détour d'une spécialisation en marketing Internet, formation toute récente qui m'a fait découvrir sous un autre angle la communication, la transmission de données, l'échange de savoir, au travers du vecteur Internet.
Communiquer, c'est-à-dire se parler avec le même langage, ne pas se cacher sous du jargon technique et vouloir épater l'autre stérilement, mais

au contraire qu'à l'issue du dialogue chacun aie compris la pensée de l'autre.

J'ai dévoré goulûment tout ce qui m'était donné d'apprendre dans ce domaine captivant, le derrière de la toile d'araignée mondiale. Je m'étonne encore à ce jour de sa richesse, de son inventivité, de son interactivité, de son rôle collaboratif.

Un moyen de laisser sa chance à tout un chacun au travers d'un journal interactif, un blog alimenté jour après jour de pouvoir obtenir ses quinze minutes de gloire. Etre lu, commenté, cité.

*

Quelques années plus tard, Arturo m'a demandé si je pouvais héberger un très bon ami à lui qui avait pour projet de visiter l'Europe. Il venait d'être diplômé et avant d'entrer de plain-pied dans la vie active (et quelle vie active au Mexique, quarante-huit heures hebdomadaire), il souhaitait réaliser un rêve, visiter l'Europe. Le jeune homme se prénommait Rafael.

J'allais accueillir avec plaisir ton ami, mais je ressentais quelque chose de bizarre, me disant que j'étais sur le point de le rencontrer lui, alors que toi cela faisait si longtemps que j'attendais de te connaître. Un peu étrange, mais une fantastique rencontre, un garçon gentil, drôle, attachant, de bons moments passés aussi avec mes parents.

J'ai en tête notamment une partie de rugby mémorable Rafael avec mon père qui ne parle pas un mot d'espagnol, tout comme *Rafa* aucun mot de français, mais une entente simple, fraternelle, hurlements conjoints de joie ou de frustration devant un essai ou une erreur d'arbitrage.

Nous avons quant à nous remis à plusieurs reprises notre rencontre, la coupe du monde de football 98 fut la fois où nous sommes passés au plus près, mais le prix des billets et des impératifs ont fait que non, cette fois encore il nous faudrait être patients.

*

Avec Romy, nous poursuivions nos écrits, l'informatique ayant fait son apparition dans nos lettres, que nous tapions via le clavier désormais, mais que nous ne cessions d'agrémenter de dessins, de stickers et autres autocollants colorés. La police Arial avait remplacé ta jolie écriture soignée, ronde, appliquée.

Avec vous deux mes amis, j'avais mon monde à moi, monde parallèle, monde lointain, mais monde bien réel.

*

Puis un mail sans fioriture mais détenteur d'un message, de ce message, « l'année prochaine je viens te voir ». J'ai prévu d'aller rendre visite aussi à mon ami Jorge qui fait un master international en Allemagne, à Stuttgart.

Arturo arrive.

Le plan était à quelque chose près celui-ci, visite des pays suivants : France, Angleterre, Allemagne, République Tchèque et retour au Mexique. Tout était ficelé, détaillé, chacun avait en charge une part de l'organisation, soit l'achat des billets d'avion, soit la réservation des nuits en auberge de jeunesse.

Dès le début je savais que je ne pourrai pas faire l'intégralité du voyage, mais j'allais déjà pouvoir profiter de la moitié de ton séjour en visitant Paris et Londres en ta compagnie.

La rencontre « historique » allait avoir lieu après quatorze ans d'échanges. J'étais sans voix, peinant à réaliser.

*

Je me sentais en montant dans le TGV aussi angoissée que pour les épreuves du baccalauréat, haletante, le cœur battant, les idées s'entrechoquant à toute vitesse dans ma petite tête embrumée.

Puis heureux hasard, une dame s'est assise à mes côtés. J'ai depuis des années utilisé ce moyen de transport de manière répétée et eu il faut bien l'avouer la plupart du temps la chance de faire de jolies rencontres, le temps d'un trajet ou plus.

Souvent par pure et simple brisure de cette monotonie que tout un chacun peut ressentir à voir s'étirer devant nos yeux ces paysages si familiers, cette église, ce cimetière, cet arbre à la forme bizarre au milieu du pré. Ces rencontres peuvent prendre comme démarrage des formes variées, une papillote proposée à son voisin en période des fêtes, ou autre, n'est-ce pas Eric.

*

La conversation avec ma voisine s'est faîte naturellement, spontanément, sans réfléchir, la première phrase s'enchaînant de manière fluide avec la suivante. Sans doute le stress, l'angoisse, l'envie de faire disparaître ce nœud à l'estomac.

Raconter cette nouvelle étape dans notre amitié, avec la rencontre face à face, un 5 mai, jour d'une bataille mémorable entre le Mexique et la France, la bataille de Puebla, autrement nommée du *Cinco de Mayo*, où nous étions repartis la baguette entre les jambes et le béret en berne.

Il fallait redonner une note plus pacifique et fraternelle à cette date, j'allais tenter de m'y employer.

*

Je n'en finissais plus, un vrai moulin à paroles, parler était devenu mon nouvel exutoire à ce trop plein d'énergie.

2 heures de trajet : Lyon Paris.

Ma voisine, baroudeuse chevronnée m'a raconté ses périples exotiques, ses nombreuses amitiés au cours des voyages, ses longues correspondances notamment avec des pays du Maghreb. Cela me faisait du bien, sa voix douce me tranquillisait, elle me comprenait.

Les minutes volaient, je me sentais enfin apaisée, lorsque m'éveillant de cette torpeur, une voix annonçant l'arrivée imminente en Gare de Lyon me fit sortir brutalement de ce cocon paisible que nous nous étions construit par nos échanges. L'émotion n'a pas pris plus de temps à me submerger à nouveau, déjà le train ralentissait.

C'est fou, moi qui avait espéré ce moment, l'imaginant suivant différents scénarios, maintenant à quelques mètres de la délivrance, me voilà prise de doutes, souhaitant presque que le train n'arrive pas.
Nature humaine complexe, désormais dans un état second, stressée au possible, j'attendais que les portes s'ouvrent. Les questions se multipliaient dans la termitière qu'était alors devenu mon esprit, idées à mille pattes cheminant et parcourant à une vitesse vertigineuse mes neurones en alerte.

On se reprend, on souffle, on retrouve son calme, on respire profondément. Le train s'arrête dans un crissement des mécaniques qui ramène tous les passagers à une réalité sonore douloureuse.

Le point de rendez-vous : le quai d'arrivée du TGV en provenance de Lyon.

Arturo ne connaissant pas la gare, moi-même étant venue si peu de fois à la capitale, je ne pouvais lui donner comme point de rencontre l'adresse d'un troquet. Donc nous y voilà, je descends, les portes se sont ouvertes déversant cette meute de gens sur le quai.

Je commence ma recherche, je scrute, j'épie les visages.

Foule descendant, attendant, montant, se saluant, s'embrassant, pleurant. Effrayant. Et ma pompe de vie qui ne veut pas retrouver un rythme de croisière boum boum - boum boum, non là c'est du tambourinage, le batteur hard rockeur se défoule, il est en transe. Me voilà en train d'halluciner, il me semble voir mon ami dans chaque profil masculin brun au teint mat.

*

Ca ne va pas, ça ne va pas, calme toi. La masse de petites fourmis avec leurs valises à bout de bras tend à se réduire peu à peu. C'est bien, je vais avoir une vision plus claire des gens qui m'entourent.

Je parcours une fois le quai dans un sens, puis je reviens sur mes pas, tendant l'oreille, mon corps en alerte au moindre son qui pourrait ressembler à mon prénom.

Pompe de vie, ma pompe de vie diffuse à tout rompre des rivières carmin dans mes veines. Je me sens brûlante, nouvel aller-retour le long du quai.

Rien toujours rien, les questions fourmillent et pullulent à nouveau dans le peu d'esprit logique qu'il me reste. Je lui ai bien dit Gare du Nord, le 5 mai, la bonne heure, oui, oui, oui.

Il lui est arrivé quelque chose. Je me voyais déjà durant les cinq prochaines heures effeuillant l'annuaire en quête de tous les hôpitaux parisiens afin de retrouver sa trace.

Puis reprenant un peu d'espoir et de lucidité, je me disais, dans le pire des cas, nous nous retrouverons à l'auberge de jeunesse ce soir, il a l'adresse. Mais avoir attendu tout ce temps et rater notre rencontre ou la teinter d'attente, non.

*

Il est là, forcément là.

Désormais seuls quelques congénères et des mégots jetés ça et là peuplaient encore le quai. Puis un son plaintif, quasi imperceptible se fit entendre, mon portable, tout au fond du sac, vite, vite.

C'est lui.

Etant encore sur le quai abrité par un enchevêtrement métallique, je n'entendais que par saccades. Me voilà en train de courir cherchant à gagner l'extérieur de la gare pour écouter ce qui - je venais de le comprendre - était un message sur mon répondeur.

Attention, pas de fausse manip', ne pas l'effacer dans ma précipitation. C'est ton unique lien. Une fois dehors j'ai écouté à plusieurs reprises ses mots, vive la technologie, mais pourquoi je n'entendais pas plus clairement... Bon j'ai l'essentiel, il me donne rendez-vous dans cette même gare à 17 heures, soit dans une demi-heure devant le panneau N.

Il semble aller très bien, il est en France.

*

Je reprends mon souffle, j'ai du temps devant moi, il n'y a plus qu'à trouver le panneau et attendre. La rencontre est toute proche. Et là, mes rêves de journée « sereine » prennent à nouveau un sacré coup dans l'aile avec seulement deux couleurs : bleu et jaune.

La constatation est la suivante, il y a deux panneaux N, un bleu et un jaune situés aux extrêmes de la gare. Arturo m'avait sans doute dit l'une des deux couleurs dans son message, mais sa voix robotisée et saccadée ne m'a pas laissé loisir de comprendre.

Me voilà repartie à faire les cent pas, un cycle sans fin, sans relâche entre ces deux panneaux, ruisselante de partout. La rencontre dans les meilleures conditions possibles… En même temps, je culpabilisais, me disant « imagine-toi arrivant dans une capitale inconnue et ton ami pas présent au rendez-vous ! ». Je ne pourrai dire combien ce petit manège a duré, tant j'avais perdu la notion du temps que cela me paraissait irréel.

*

Lors de mon passage sous le panneau central de la gare, j'ai été comme pétrifiée sur place à l'écoute de mon prénom. Je me retourne et là à cinq mètres de moi, Arturo.

Je ne peux dire ce que ce premier regard m'a fait, je me suis jetée dans ses bras, j'ai eu l'impression de rester la tête sur son épaule une éternité - il me dira pas la suite qu'au contraire cela avait été plutôt rapide -.

*

Il est là. Il me présente Jorge son *carnal*, son super ami qui poursuit ses études en Allemagne et qui passera ces quelques jours à Paris en notre compagnie.

Salutations, accolade typique des mexicains. Je suis sous l'effet de je ne sais quelle molécule déchargée par mon corps, mais je ne suis pas moi. Je me vois vivre d'en haut la conversation, plutôt qu'en être l'un des protagonistes. Nous décidons pour calmer nos esprits de prendre un rafraîchissement. On s'assoit, on se regarde, on a tant de choses à se dire, tout s'entremêle, je perds mes mots, dur dur de retrouver son espagnol, trou noir. Mais ce n'est pas très grave, je suis heureuse, soulagée, le vocabulaire reviendra petit à petit.

*

L'heure est aux explications, comprendre ce qui s'est passé, pourquoi ce rendez-vous repoussé ? Finalement ce fut une erreur d'interprétation de l'heure. Au Mexique, - chose que j'ai apprise à ce moment-là - la dénomination des heures ne fonctionne pas comme chez nous mais, en matinée de 0 à 12 heures (Am) et de 1 à 12 heures (Pm, l'après-midi) comme en Angleterre ou aux Etats-Unis notamment, alors il y a juste eu maldonne quand je lui ai indiqué 15 h 45.

*

Arturo et Jorge non plus n'avaient pas été en reste question stress et montée d'adrénaline. Etant arrivés de bonne heure au rendez-vous et ne me trouvant pas, n'ayant pas de téléphone fonctionnant en France, ils ont finalement opté pour un cybercafé duquel ils ont essayé de me joindre.

A ce moment-là, j'étais dans le TGV toute à ma narration avec ma voisine et le réseau ayant ses limites : répondeur. Imaginez la frustration du côté du cybercafé, mais notons la débrouillardise de nos deux compères.

*

Après avoir repris mes esprits, j'envoyais un sms à mon amie du collège Céline qui a partagé durant toutes ces années les échanges avec mes amis correspondants. Céline faisant à cette époque ses études à l'Ecole du Louvre, je ne pouvais venir dans la capitale sans lui faire partager ce moment.

Son arrivée a permis de temporiser encore un peu, et même de rire de ces retrouvailles particulières. Nous avions en sa personne un guide de choix pour nous orienter dans les lieux touristiques et recoins moins connus de Paris.

*

Nos deux amis mexicains n'avaient cependant pas perdu de temps et dès le matin avaient déjà vu la grande majorité de nos merveilles nationales, arpentant la ville de long en large.

Il faut dire qu'ils vivent dans l'une des plus grandes mégalopoles au monde, vingt-trois millions d'habitants, alors se déplacer dans une capitale même inconnue ne leur a posé aucun problème.

Arturo en plus de ses kilomètres à pied du matin avait à lutter contre le décalage horaire, sept heures. Mais très gentiment Jorge comme Arturo, tels de vrais gentlemen, nous ont suivies. Et le parcours ne fut pas tendre pour des corps fatigués ! De nombreux escaliers parsemèrent la visite, Montmartre, le Sacré Cœur, le Moulin Rouge, mais tant de vues splendides, tant de fiers bâtiments et tout cela à vivre ensemble, tous les quatre.

*

L'après-midi a défilé à toute vitesse, puis la faim commençant à se faire sentir, nous sommes allés nous restaurer dans un bouchon lyonnais. C'est la végétarienne que je suis qui l'avait choisi pour leur faire découvrir les plats typiques de cochonnaille lyonnaise et du bon vin. Le cadre en sous-sol était fort sympathique avec au mur de vieilles pierres, une ambiance chaleureuse, comme à la maison.

Puis nous nous sommes séparés de Céline, nous donnant rendez-vous le lendemain et avons rejoint l'auberge de jeunesse qui nous attendait et que nous attendions impatiemment pour un repos salvateur. Notre chambre avec lits superposés, Jorge en hauteur, Arturo dans ma ligne de mire et tout comme moi en bas.

Douche : quel bonheur, ce flot tranquillisant sur mon corps, cette chaleur, pouvoir enlever tout le stress de la journée, le faire mousser, le voir se dissoudre et disparaître peu à peu.

Puis ce furent les retrouvailles dans la chambre, chacun est arrivé en pyjama. Je crois que lorsqu'il est entré c'est la première fois que j'ai vraiment regardé mon ami, sans être absorbée par une conversation ou en train de chercher notre chemin.

*

Alors te voilà mon correspondant, confident, ami, cheveux noirs épais, légèrement ondulés, d'un noir puissant, toujours enduits de gel, la peau mate, les yeux noirs, un sourire constamment dessiné sur les lèvres, que tu as charnues.

Je me suis surprise à me dire « quel beau garçon » ou plus exactement « pas dégueux* ». Je déflore ici une expression mère-fille que nous affectionnons particulièrement, pas dégueux* signifie très bien ou très bon pour un plat.

Mais je chassais aussitôt cette idée pour répondre à la brassée de cadeaux qu'on me tendait. Gâtée comme une princesse, je suis tombée sous le charme d'une peluche, un ourson vêtu du célèbre costume des mariachis et arborant un sombrero, leur fameux chapeau à long bord.

Après tant d'émotions et de bons moments, une nuit de sommeil n'était pas de refus.

*

Mais c'était sans compter sur une nouvelle découverte, celle des ronflements d'Arturo.

Jorge, tout comme moi était interloqué par le bruit impressionnant que faisait notre ami commun. Ayant pourtant été « bercée » de nombreuses années par ceux de mon père ou de mes grands-pères, je pensais que mes oreilles avaient tout entendu. Mais non, le Mexique battait à nouveau la France à plate couture tant le volume sonore était puissant. Peu à peu, la fatigue aidant, le sommeil nous rattrapa et nous laissa rêveur jusqu'au lendemain matin.

*

La journée suivante fut tout aussi rythmée, mais eu une place bien à elle, celle de la première phrase de nos amis en français. Car malgré notre correspondance, Arturo n'a jamais appris le français. Alors la voici : « j'aime beaucoup le fromage », cela marque, forcément.

L'une des envies partagée par tous les quatre était de nous organiser un petit pique-nique dans un parc, mais le ciel gris souris s'est mis peu à peu à nous faire les gros yeux et un déluge commença.

Des cordes, il pleuvait des cordes, pas la petite pluie fluette qui timide ose à peine se montrer, non une pluie forte, imposante.

Nous cherchions tant bien que mal en poursuivant notre route à nous abriter sous les devantures de magasins. Nous commencions sérieusement à prendre l'eau, mais ce n'était pas quelques gouttes qui allaient entamer la bonne humeur de la joyeuse troupe.

*

Nous avons acheté tout ce qu'un étranger se met en tête en pensant à la cuisine typique française, baguettes, camembert, saucisson, et une bouteille de vin. Nous voilà parés question provisions, mais la recherche d'un parc aux arbres touffus pouvant nous protéger fut tout autre !

Comme maigre butin, nous avons trouvé un arbre, relativement bien pourvu de sa personne question feuillage et telle une grande chaîne de l'amitié, nous l'avons entouré de nos corps. Les feuilles n'ont pas tardé à ruisseler sous le feu incessant des projectiles gouttes d'eau.

Nos jeans gorgés d'eau jusqu'à plus soif nous faisaient une seconde peau bleutée et moulante. Devant nos mines mouillées, on ne pouvait que rire, nous moquant gentiment de nos allures respectives.

*

Céline nous sortant de cette impasse eu une grande idée, s'abriter au moins un temps sous l'Arche de la Défense. Donc voilà nos quatre amis s'organisant un pique-nique improvisé sous l'Arche, cela reste d'ailleurs l'un de mes meilleurs souvenirs de cette escapade parisienne.

Après l'horloge du temps s'est accélérée, visite des grands musées de Paris, beaucoup de marche, de rires, de discussions.

Nous avons laissé Céline à ses talents de cuisinière, car elle recevait le lendemain Sébastien, son amoureux. Alors casseroles et poêles au garde à vous pour que tout soit parfait pour la venue du jeune homme.

*

Il était d'ailleurs déjà l'heure des « au revoir » avec notre ami Jorge qui repartait à Stuttgart et pour nous deux de s'envoler destination Londres.

*

Petite anecdote pendant la file d'attente à la douane, un compatriote m'a demandé si Arturo n'était pas un terroriste - psychose - son teint mat, sa barbe naissante ne semblait pas lui donner confiance. Sympathique accueil français que nous avons là.

Deuxième sueur froide, l'arrivée à la douane en elle-même. La demoiselle au guichet demande à notre cher terroriste mexicain s'il pouvait lui montrer son visa pour entrer sur le sol anglais. Deux mines déconfites lui firent réponse, petite vérification supplémentaire et désolée, erreur de sa part, les mexicains n'ont pas besoin de visa particulier pour poser un pied sur la terre de sa Majesté. Soulagement.

Embarquement.

*

Et là à peine installés, Arturo m'apprend qu'en fait lorsque nous avons débuté notre correspondance, lui cherchait sur les conseils de son professeur d'anglais une amie américaine ou tout du moins anglophone pour pratiquer son anglais. Demande qu'il avait donc fait à l'organisme finnois.

Par un heureux hasard dû à une erreur d'un employé, ce fut moi qui reçu son adresse. Arturo a peut-être trouvé touchantes mes fautes tout comme moi je souriais devant celles d'Hélène l'anglaise quand elle m'écrivait en français, car nous avons comme vous le savez maintenant continué nos échanges.

*

Arrivés à destination, recherche du *Stanted Express*, le train orange et bleu devant nous rallier au cœur de Londres, après avoir pris place, une série de jeux « français - espagnol » se sont enchaînés… Comment dit-on telle ou telle chose en espagnol, jeu de mémoire et de concentration.

Premier trajet en métro, découverte des prix exorbitants de la capitale, il faudra nous y accoutumer, à Londres tout est cher, puis recherche de notre auberge de jeunesse. N'étant pas très sûrs de nous orienter dans la bonne direction, nous avons par prudence demandé notre chemin à des autochtones qui n'étaient pas aussi natifs qu'il y paraissait.
Ils ont de plus sans doute repéré à des *miles* mon accent français, car ils m'ont dit dans notre langue qu'on n'était plus très loin, sur la gauche.

Merci chers compatriotes.

*

Traditionnelle auberge de jeunesse anglaise avec Bed & Breakfast, hébergement et petit déjeuner. Notre chambre, située au dernier étage dominait Londres. Nos mollets déjà mis à rude épreuve tout au long de l'escapade parisienne se faisaient douloureusement rappeler à notre mémoire.

Vue sur les toits avec en arrière-plan, la *London Eye*, sorte de grande roue avec des cabines transparentes en ogive où les visiteurs peuvent monter. Elle a été créée pour le passage à l'an 2000 et offre un regard sur la ville assez spectaculaire.

La chambre se composait d'un lit jumeau et dans un même alignement, accolés au mur deux petits lits. Je pris possession d'un de ces deux lits et Arturo de l'autre.

*

Alejandro, l'ami d'Arturo faisant ses études en Angleterre nous a rejoint un peu plus tard. Il n'a pas le type latin comme on pourrait se l'imaginer, yeux vert, cheveux châtains, peau claire, mais il faut savoir que bon nombre de mexicains n'ont pas la peau mate, les colons espagnols ayant mélangé leur sang à ceux qu'ils envahissaient.

Nous avons grâce à notre nouveau guide pu parcourir de long en large la capitale londonienne, ne ratant rien des richesses de cette ville malgré le peu de temps imparti. Pour nous faire économiser de l'argent ou par plaisir un peu sadique de nous voir galoper, nous avons très peu pris les transports en commun avec notre ami.

Westminster Abbaye, Big Ben, House of Parliament, une pièce de théâtre... et l'apogée la traversée d'*Hyde Park*.
Hyde Park, parc à perte de vue, véritable bouffée d'oxygène dans la ville, Londres est fort bien lotie question verdure, parcs, arbres, autant de moments agréables pour un pique-nique improvisé le temps de la pause déjeuner, pour se promener le week-end, ou faire comme de nombreux adeptes son jogging.

De jolis arbres en manteau de fleurs mauves donnaient au parc un côté champêtre, leurs petites fleurs parsemaient notre chemin, nous dressant sous les pieds un tapis rosé très poétique.

*

Lors d'un trajet en métro - nous l'avons quand même un peu pris, tout comme les fameux bus rouges à deux étages -, ces messieurs me demandent quel est mon type d'homme, mon idéal.

Vaste question, dont je ne pu donner de réponse précise, je n'ai pas en tête un modèle stéréotypé, calque sur lequel je passerai tous les hommes au crible dans l'espoir de trouver l'adéquation parfaite avec ce postulat. Disons cependant que s'il était intelligent, ça ne lui desservirait pas, s'il était plutôt brun non plus. Après musclé ou pas, yeux clairs ou pas, teint mat ou pas, peu m'importe.

*

Repas, *Fish & Chips*, poisson et frites relativement bon mais assez gras, pub, pinte, et arrêt à la *Tower of London*, Tour de Londres, achat de cadeaux souvenirs pour la famille et les copains.

Je tenais absolument à offrir aux parents d'Arturo, María de la Luz (comme sa fille aînée) et Arturo (comme son fils) de jolis souvenirs pour les remercier de toutes leurs attentions à mon égard.

Dur de savoir ce qu'il leur plairait, sans les connaître. Je comptais donc sur le soutien d'Arturo pour m'y aider, mais devant les prix assez chers, il restait muet. Il me dit juste de ne pas trop acheter de choses pour ses parents, que seule une bru pourrait autant les gâter.

Je me suis donc contentée de ce que j'avais déjà dans les mains, un peu déçue de restreindre ma frénésie d'achat.

*

En face du *London Bridge*, le pont de Londres, coulait une petite rivière où il semblait de tradition de jeter quelques pièces et faire un vœu, ce que nous fîmes avec entrain.

*

La dernière nuit ne fut pas de tout repos. Non pas faite de tournée des pubs jusqu'à plus soif mais d'une longue discussion qui ne prit fin qu'au petit matin.

Le latino et la frenchie semblaient avoir trouvé le moment idéal pour se libérer, se parler sincèrement, sans langue de bois, sans barrière, simplement. Deux êtres discutant de leur futur, comment chacun le voyait, comment nous nous projetions dans quelques années, dans un avenir proche et plus lointain. Je lui dis à quel point mon travail était important et que si un jour je devais le laisser pour suivre un homme, ce serait parce que c'est le bon.

Du capital, du secondaire, du superflu tout y est passé, nous étions sereins, heureux de se confier l'un à l'autre.

Ce ne furent d'ailleurs que les « mhhh mhhh » d'un quatrième voyageur partageant le lit superposé, celui du haut qui nous firent d'abord encore baisser d'un ton, passant au mode chuchotement à peine audible. Mais cela ne fut pas suffisant, nous dûmes sous la contrainte et déçus nous arrêter. Notre australien n'appréciait pas nos échanges nocturnes.

Il ne dût d'ailleurs pas être déçu par la suite d'avoir échangé nos douces voix murmurantes par les sons bien moins mélodieux de ronflements.

*

Notre disposition durant cette nuit était assez drôle et intime, Arturo normalement installé dans son lit et moi tête-bêche, j'avais mon visage au niveau du sien, parallèle et mes pieds au niveau de l'édredon de mon lit.

Un sentiment étrange m'envahissait, confus, une des dernières choses que l'on se soit dîtes, c'est que l'un comme l'autre nous n'aimons les « au revoir » qui durent. Nous avons donc convenu que ceux du lendemain seraient le plus court possible.

*

Et ce fut le cas.
Là … plus là.

Grand vide tout à coup, plein de questions : Est-ce qu'on se reverra ? Quand ? Qu'a-t-il pensé de moi ? A-t-il été déçu par son amie ?
Le rêve, l'imaginaire ne relèguent souvent la réalité qu'à une bien triste fadeur.

*

Mais déjà l'heure n'était plus à la rêverie, vol en sens inverse destination Lyon et reprise du travail.

Le corps peu à peu se réaclimate, se refait à ses habitudes, à son rythme; pour l'esprit c'est un peu plus complexe, il reste là à vagabonder, à s'imaginer, à divaguer.

Deux jours après mon retour, je reçus une lettre en provenance d'Allemagne, de Stuttgart. Arturo me contait à quel point il avait apprécié son début de voyage, ce que lui avait procuré notre rencontre, ce qu'il avait ressenti, qu'au fil des jours ses sentiments avaient évolué, qu'il se prenait à rêver à un avenir différent, à repenser à des souhaits qu'il avait mis de côté et qui reprenaient vie en lui.

Et il a conclu sa lettre par ces mots, que si je souhaitais changer mon idéal masculin d'un homme intelligent en un homme cultivé et extrêmement dévoué, qu'il était à mes ordres.

*

Tremblement de terre, je restais sans voix à la lecture et à la relecture sans fin de ses mots.

Ce que j'avais ressenti sans oser me l'avouer, sans oser faire face par peur de le perdre si je lui avouais mes sentiments, ce baiser que j'aurais aimé déposer sur ses lèvres plutôt que sur son front durant notre dernière nuit londonienne, en écho lui aussi l'avait éprouvé.

Je me sentais heureuse et complètement déboussolée, mais je ne voyais pas plus loin dans l'immédiat que cette lettre, que ces sentiments posés sur le papier, ce qu'on partageait de nouveau, de si fort l'un pour l'autre. Cela semblait fou, irréel. Je ne m'attendais pas à une missive de cette teneur.

*

Maintenant que je pouvais me laisser aller aux sentiments que j'avais refoulés, je repensais à ces moments où ma pompe de vie battant à tout rompre je le regardais comme un homme et non plus dans son habit d'ami.

Ton arrivée dans la chambre la première nuit à Paris après une douche salvatrice, dans ton tee-shirt blanc, « pas dégueux », cette pièce que j'ai lancé dans la petite rivière londonienne où j'avais demandé de pouvoir te revoir ne serait-ce qu'une fois, ou cette vraie déchirure, ce vide après ton départ pour Stuttgart, sans parler de cette nuit déclic où quand je te disais que je serai prête à tout laisser pour mon homme, c'était déjà bien à toi que je pensais à ce moment-là.

Mais comme je n'avais senti aucun signe me laissant espérer quelque chose d'encore plus beau que ce que nous vivions déjà, cette entente, cette communion de rêve entre nous mais qu'une amitié telle que la notre pouvait complètement refléter, sans penser à des sentiments amoureux.

Et puis il faut dire que je me sentais mal à l'aise et honteuse de ne pas pouvoir te dire plus de choses dans ta langue, que tout restait emprisonné dans ma tête, frustrée et en colère contre moi par du vocabulaire manquant. Ne pas comprendre tout ce que tu me disais à cent pour cent aussi était si dur.

*

Je pris la décision suivante dès le lendemain matin : je devais parfaire mon espagnol, revenir à mon niveau d'antan, retrouver du vocabulaire.
J'ai acheté une méthode d'apprentissage niveau intermédiaire et avancé. Tous les jours en revenant du travail je me remettais devant l'ordinateur pour réviser et essayer de progresser.

*

Je reçus quelques jours plus tard une jolie carte postale de Prague, très poétique, un coucher de soleil se découpant sur trois ponts. Tu me disais à quel point Prague est une belle ville, romantique que tu aurais aimé visiter en ma compagnie.

Et déjà l'heure du retour pour toi, dans ton pays. Tu étais encore de mon côté de l'océan et j'allais te voir te détacher de moi, parcourir tant de kilomètres pour être à nouveau séparés et pour combien de temps.

*

Tu m'as appelée au travail le matin de ton départ, tu avais rejoins Paris, te voilà à seulement deux petites heures de moi. Tout s'embrouille, il faut que je te revois, je prends le TGV, il faut que je te revois.

Malgré les apparences, la patience n'est ni du côté d'Arturo ni du mien une qualité majeure et devoir faire preuve de mesure, de calme pour supporter à nouveau l'attente n'entrait pas dans nos plans.

Tu me dis plus tard que tu étais dans le même rêve éveillé que le mien, pensant descendre sur Lyon, me retrouver. Mais sans doute trop consciencieux, nous n'avons rien fait, je restais là les yeux dans le vague après avoir raccroché, toujours à mon idée de monter sur Paris. La fichue raison, les impératifs qui m'attendaient l'après-midi, toi et tes heures de vol ont eu raison de cette folle envie partagée.

*

A partir de ce jour, une toute nouvelle correspondance prit forme, passionnée, exaltée, sans limite, sans restriction.

Echanges non plus sous forme de lettres, ni de mails mais dans l'instantanéité du chat, du dialogue en direct.

S'en suivirent des heures et des heures de discussions, de projections dans l'avenir, d'échafaudage de possibles, de doutes aussi, de conseils d'amis nous mettant en garde contre la distance mère nourricière d'attente, d'espoirs déçus. Conseils judicieux certes mais qui me minaient à un point inimaginable, nous deux luttant pour trouver une issue, nous étions mitraillés par l'implacable argumentaire.

Entre quatre et sept heures de dialogue par jour, honnêtement je ne pensais pas que nous aurions autant de chose à nous dire. Ces échanges ont transformé mon rythme de vie, monsieur café dont je n'étais pas grand fan devint l'ami de mes réveils.

Mais quel pied ! Se sentir revivre, plus sclérosée entre quatre murs, s'imaginer un avenir, certes complexe mais follement enivrant. A cet instant toutes données terre-à-terre ou techniques n'avaient pas la moindre importance.

*

Ces longs échanges nous ont encore rapprochés, par écrit il est bien plus facile d'aborder certains sujets, plus intimes, plus secrets et personnels.

Trois mois et demi de dialogues effrénés, de week-ends planifiés dans l'attente de ton réveil (toujours nos sept heures de décalage). Ces jours de repos étaient donc ponctués et organisés en fonction de l'heure mexicaine.
Arturo dort, je sors faire les courses, je me promène, je gère la paperasse, le quotidien.
Arturo se réveille, mon monde se met en mode pause et tout tourne autour d'un clavier, d'un écran et de tes mots.

*

Août arrive, les vacances organisées de longue date, ce sera l'océan, Lacanau, les Landes, le camping en pleine nature à trois cents mètres des vagues.
A cette même époque l'envie de te revoir me tenaillait, mais les prix en période estivale me faisaient vite déchanter. Vacances seule, mais pas solitaire, heureuse de cette communion avec la nature, profitant de

chaque rayon de soleil et de chaque vague, de la compétition de surf avec ses concerts gratuits les soirs.

Un vrai moment de sérénité, de réflexion sur ces derniers mois, sur mes sentiments, sur ce qui m'anime et sur ce que je veux faire de ma vie et avec qui. Souffler, faire une pause et ne plus être prise par la frénésie, mais penser posément au futur.

Nous ne nous laissions pas sans nouvelle, une borne permettant d'envoyer des emails était notre lien, tous les jours nous nous racontions notre quotidien.

*

Retour à Lyon, vérification des offres d'avion, baisse sensible des prix, donc décision. Je viens te voir.

Explication fumeuse aux parents qui n'ont pas trop compris pourquoi je partais de manière aussi rapide pour le Mexique. Quinze heures de trajet dont onze de vol associés aux correspondances. Voyage très bien passé, révision de mes notes de vocabulaire en espagnol, passage aux toilettes, rafraîchissement et début de descente.

*

Arrivée effrayante, l'avion se met à changer de cap, se penche du côté de l'aile gauche et sous mes yeux l'immensité de la mégalopole. Un parterre de maisons miniatures à perte de vue, la peur me cisaille le ventre.

Je suis perdue au milieu de cet inconnu, j'ai l'estomac au bord des lèvres, je prie pour qu'Arturo soit bien au rendez-vous, à l'arrivée. L'avion vire toujours, avec la perspective on a l'impression que les ailes du géant à deux étages vont venir s'écraser sur les immeubles, mais peu à peu l'avion se redresse, nous continuons notre descente en plein cœur de la ville au milieu des buildings. Nous nous posons finalement en douceur. Applaudissements.

*

Après, la traditionnelle attente pour récupérer les valises avec une petite montée d'adrénaline où chacun se demande si les siennes sont bien au rendez-vous. Puis le service de l'immigration, le passage obligé, la forteresse : premier bastion à franchir avant la douane où même en étant blanc comme neige, on se sent menacés par tant d'attente, de vérifications qui traînent en longueur.

Longue file de petites fourmis chargées, remplissage de questionnaires, de la durée du séjour, de son but, chez qui on va séjourner, de sa date de retour... Première étape réussie sous le regard plutôt fermé de l'agent, permis de séjourner jusqu'à cent quatre-vingt jours dans le pays, en qualité de touriste. Il ne m'en faudra pas tant.

*

Seconde étape nous menant au final du périple : la douane avec au loin la ligne d'arrivée composée de la foule de personnes attendant les voyageurs fraîchement débarqués.

Je commence à me sentir plus sereine, un peu trop hâtivement sans doute car un douanier m'explique qu'il me manque un papier mais sans me dire tout de suite où je pourrai trouver le précieux sésame... Me donnant ainsi tout le loisir de me décomposer sous ses yeux, puis une grande bonté l'a mystérieusement touché et il m'indique que je pourrai trouver les feuillets dans une borne derrière moi.

Remplissage du feuillet composé de questions essentielles, telles que combien d'armes j'amène sur le sol mexicain ou si le nombre de lingots que j'essaie de faire passer est ou non supérieur à la quantité légale.

Re-salutation à l'agent qui me sourit et me demande d'où je viens, si tu savais comme j'ai envie de te répondre Monsieur, mais n'allons pas donner des raisons supplémentaires à des étrangers de nous considérer bien souvent à raison comme grincheux et râleurs. Donc sourire, « de France ».

*

Mais non la délivrance n'était pas encore pour tout de suite, une dernière épreuve se dresse avec le bouton. Un petit bouton que chaque arrivant doit presser, s'il est vert Bingo, on peut continuer sa route et enfin franchir la porte d'arrivée. Et si par malchance, c'est rouge, retour case agent des douanes et fouille minutieuse des valises.

Coup de chance, VERT ! Je passe.

*

Je scrute les visages, je ne vois pas Arturo. Que mes yeux de myope se concentrent, mise au point. Ah oui, le voilà qui arrive. Je suis rassurée.

Petit bisou et direction la voiture où un joli bouquet de fleurs multicolores m'attend.

*

Premiers regards jetés sur la mégalopole, en pleine ville des routes très larges composées de trois ou quatre voies dans un sens et parfois autant dans l'autre. Les panneaux publicitaires sont immenses, démesurés, de la taille d'une façade d'immeuble, les personnes pour lesquelles cette pollution visuelle est incommodante en feraient une syncope.

Voici le message que j'ai envoyé à mes amis après mon arrivée décrivant mes sensations en découvrant ce pays :

Vous savez dès que je vois quelque chose de nouveau, dont on n'a pas l'habitude chez nous, eh bien je prends un post-it et je note la petite anecdote sympa à vous raconter. Les jours passant à une vitesse grand V, le nombre de petites différences s'étoffant de jour en jour me voilà submergée d'une immense vague jaune !

Je nous replonge dans la mégalopole mexicaine tout de suite.... Alors oui avant de partir combien m'ont dit « il paraît même qu'à cause de la pollution, il y a des oiseaux qui tombent raides morts, comme ça dans la rue », j'ai fait « ah bon », perplexe. Depuis que je suis arrivée aucun volatile ne s'est suicidé sous mes yeux ou est mort d'une poussée d'asthme fulgurante, si c'est le cas, vous serez les premiers au courant !

Pas non plus de nappe de brouillard, on ne ressent pas d'oppression particulière, ni due à l'altitude, Mexico est quand même à 2300 mètres, ni due à la pollution qui si elle n'est pas visible, on ne va pas édulcorer est bien présente.

La pollution semble selon les articles que j'ai pu lire moins importante que dans les années 70/80, avec l'accroissement de la population, cela voudrait dire que des progrès en termes de prévention ont été faits, par exemple une fois qu'une voiture a plus de deux ans, elle est soumise à un contrôle pollution tous les 6 mois.

Tant que l'on reste dans les voitures, parlons des stations essence, eh oui mon récit est passionnant j'en conviens, bref, c'est comme du temps où j'étais jeune -aie caramba- en France, ici il y a un monsieur ou une dame pour enfiler dans le gosier de ton véhicule le précieux liquide, contre quelques pesos, soit une poignée de centimes.

Continuons sur ce fil conducteur...

Nous sommes actuellement arrêtés à un feu rouge, eh bien par miracle oui nous sommes ARRETES à un feu rouge, car honnêtement ici les couleurs des feux tricolores sont toutes aussi décoratives que des guirlandes lumineuses, un feu rouge, mhhh sympa, regardons de chaque côté, personne, allons y gaiement, des policiers sont en face, peu importe, traçons tranquillement notre route...

Mais je m'éloigne de mon sujet, nous sommes donc arrêtés, disons que la circulation est soutenue et que nous avons dû nous contenir et nous mettre à l'arrêt, là toute sorte de vendeurs ambulants passent au milieu des voies de circulation, pour vendre pour quelques pesos des bonbons, des fleurs, des fruits, des journaux, souvent il y a des enfants qui font des acrobaties dangereuses pour gagner quelques pesos.

C'est assez perturbant pour un occidental de voir des gamins aux visages peinturlurés faire des cascades au milieu des grands axes routiers. Il y a également des laveurs de pare-brise, qu'il faut stopper rapidement et leur dire « no no no gracias » « non non non merci » avant qu'ils brandissent liquide savonneux et raclette.

Il est courant que l'on fasse laver sa voiture pendant que l'on fait ses courses au supermarché pour moins de deux euros. On la gare à un emplacement de parking et un monsieur équipé avec tout l'attirail pour la nettoyer et la faire lustrer arrive sur les lieux. Au retour des courses, elle est nickel.

Mais je dois reconnaître une chose, ils sont hyper adroits et appliqués pour faire rutiler ton pare-brise, la plupart du temps les mexicains mettent énormément de goût pour faire chaque chose, ce sera fait avec soin et avec le sourire, chose pas si courante en France ou forcée parce que le client est roi.

Une petite anecdote qui m'est arrivée alors que je travaillais cela va sans dire consciencieusement devant mon ordinateur, un accident est survenu sous ma fenêtre, j'étais aux premières loges pour entendre la cacophonie de sirènes en tout genre, police, ambulance, mais heureusement juste de la tôle froissée, pas de blessés.

Je dois vous avouer que je ne connais pas encore les palabrotas, gros mots espagnols et peut-être qu'il existe des variantes typiquement du cru mexicain, mais je peux vous dire que vu la mine réjouie des deux conducteurs, l'heure n'était pas à la sérénade… mais à un échange verbal coloré… Arturo m'a dit que lors d'un accident, une fois les constats faits, on va forcément à la mairie du quartier accompagné de la police pour payer une amende à la ville pour détérioration de la voie publique, que ce soit d'ailleurs le cas ou pas. Si les contrevenants ne sont pas coopératifs, direct en prison pour voir si cela peut leur remettre les idées en place, ce ne sont pas des rigolos les mexicains.

En parlant de sérénade, ici c'est une chose pas si rare que ça de louer des mariachis (les guitaristes/chanteurs mexicains) pour un anniversaire ou pour déclarer sa flamme, ils sont en général tous rassemblés sur une place, la place Garibaldi pour offrir leurs services.
Sinon dans la plupart des immeubles, il y a un gardien qui offre ou pas le droit d'entrée au visiteur qui a plutôt intérêt d'être attendu, de montrer pâte blanche ou d'être un familier pour accéder aux étages, les videurs/gardiens mexicains sont là pour veiller à la tranquillité de leurs locataires !
Ce sont eux également qui distribuent le courrier qui arrive à toute heure, les services postaux ici sont moins développés qu'en France, car les mexicains ne s'envoient jamais ou presque de courrier personnel, la poste est plutôt faite pour les envois de factures, de relevés de banque, de courriers administratifs, donc autant dire que les missives ne sont pas attendues avec impatience.

J'imagine mes amis célibataires bavant devant l'image des latines eh bien effectivement les mexicaines sont jolies, pas très grandes, la plupart typées, peau mate, yeux noirs, cheveux noirs qu'ils en paraîtraient presque bleus, mais il y a aussi des filles à la peau aussi blanche que la mienne, non je ne plaisante pas. Les hommes sont pour la grande majorité assez petits, quasiment de la même taille que leurs copines. Arturo du haut de ses 1m80 faisant figure d'exception.

Le Mexique est le deuxième consommateur de coca cola derrière les USA, et les effets se font sentir sur la silhouette…J'en profite pour trinquer à votre santé « Salud », ce petit mot sympatique est également dit ici quand quelqu'un éternue, eh bien à la tienne, pourquoi pas.
En famille une anecdote surprenante, c'est quand une fratrie parle de leur père et mère qui sont dans mon cas de figure les mêmes, pas de famille recomposée ou de demi frère ou sœur.
Eh bien quand le fils de la famille appelle sa sœur, il lui dit « peux-tu me passer <u>ma</u> maman / mi mama » et pas « peux-tu me passer maman » tout court, étrange non ? Je sais un rien m'étonne, poursuivons.

Quelque chose de très sympa, c'est d'aller au cinéma, déjà ils sont immenses, tous, vraiment hyper grands et à l'entrée tu as le choix pour non seulement picorer mais carrément manger dans la salle de ciné.
Tu as le traditionnel pop corn dont la bonne odeur t'attire dès l'arrivée, appelés ici palomitas, mais ô désagréable surprise ils sont en règle générale salés et ils te tartinent ça de sauce piquante. Tu peux selon ton envie en self service ajouter dessus des rondelles de tomates, des oignons (au goût très doux, bien moins piquants qu'en France), et forcément du piment/chile, il en existe deux sortes le vert, chile verde et le rouge chile rojo, qui arrachent notre sensible gosier l'un comme l'autre !
Tu peux aussi si le cœur t'en dit, manger des nachos, chips mexicaines que tu trempes dans du fromage fondu et recouvres de sauce piquante, et condiments. Sinon tu as les traditionnels m&m's mais ils en ont une variété assez impressionnante, oui là c'est la gourmande qui parle, aux amandes, caramel, beurre de cacahuètes, enfin plein de gammes qu'on ne connaît pas chez nous.

Ensuite on rentre dans la salle de ciné qui a des sièges adaptés pour poser le casse croûte + la boisson, les salles sont vraiment confortables, les dossiers inclinables légèrement comme dans les avions, la qualité des écrans, des images et du son aussi sont assez bluffants. Un truc bien toute une rangée réservée pour les handicapés ou les personnes âgées.

Alors une fois que l'on sort du cinéma, on se retrouve dans un immense centre commercial, bien plus grand que ceux que l'on peut connaître en France.

Ici il y a une vraie ville sous la ville, elle est morcelée d'un nombre impressionnant de parkings souterrains, bien normal pour contenir autant de voitures et il ne faut pas compter ici sur le coup de chance pour trouver une place libre dans la rue.

Les stationnements ne coûtent pas trop chers et les magasins aux étages supérieurs te tamponnent ton ticket pour avoir une réduction de parking.

En parlant de centre commercial, quand tu fais tes courses, à la fin soit des personnes âgées pour mettre du beurre dans les épinards de leur retraite, soit des étudiants pour payer leurs études t'emballent tes courses contre quelques pièces.

Même chose quand tu sors de ton stationnement de parking, quelqu'un siffle pour te guider à sortir contre un peso ou deux, on n'est pas obligé de donner, mais c'est une petite contribution au service rendu.

Je viens d'allumer la télévision, ici les telenovelas, séries édulcorées, souvent à base de grands sentiments, d'amour, de passion, de trahison, de tromperies en tout genre sont légion. Puis les publicités toutes aussi longues que les nôtres, à noter qu'ici on vente les mérites des crèmes blanchissantes et non pas comme chez nous les crèmes auto bronzantes !

Je vais vous laisser pour cette fois en vous racontant une dernière anecdote, au Mexique on fait prendre un bain moussant à la salade avant de la manger.

En fait c'est dans la salade que se trouve des germes pas bien sympathiques pour l'organisme, alors on découpe sa salade finement, en général ils ne la mangent pas en feuille mais ciselée et on lui met du liquide vaisselle, je vous assure que c'est surprenant la première fois, moi j'avais du gel bleu pour la laver, vous penserez à moi au moment de faire votre prochaine vaisselle ou salade.

Donnez-moi des news du pays, je compte sur vous !

*

Nous y voilà dans quelques minutes la rencontre avec les parents d'Arturo, le stress, vais-je faire bonne impression ?

Je suis très intimidée. J'ai révisé une bonne partie du voyage mes cours d'espagnol, lu et relu le vocabulaire, les notes prises soigneusement tous les soirs lors des révisions. Finalement je me débrouille très moyennement, bafouillante. Je suis déçue de ma piètre prestation.

Répéter chaque soir avec María, ma sympathique professeur virtuelle n'avait rien à voir, je m'en sortais bien mieux, mais avec elle je n'avais sans doute pas non plus la même pression…

Je croise également Marilù, la sœur d'Arturo en coup de vent, très jolie. Tout le monde est adorable avec moi, accueillant. Il est déjà bien tard, mais je leur donne les cadeaux que j'ai apporté, douceurs chocolatées, pastilles de Vichy et autres sucrerie de ma région, foie gras, un tableau d'un artiste que j'apprécie beaucoup et qui expose les dimanches sur les quais de Saône à Lyon.

Je tombe de sommeil et tout le monde dans la joie et l'appréhension de cette rencontre aussi. La maman d'Arturo m'a préparé la chambre de Liz, sa plus jeune fille. Elle vit dans son propre appartement désormais auprès de son époux, Benito.

*

Une bonne douche…
Je découvre après la chambre d'Arturo, son univers et quelques photos de moi que j'ai pu lui envoyer il y a bien des années. Il m'accompagne dans ma chambre, nous discutons un moment et chacun au lit !

Le lendemain il doit aller travailler, le programme est de passer la journée avec sa maman. Il faut savoir qu'au Mexique, ils n'ont que dix jours de vacances en moyenne par an : maigre, bien maigre pour nous, champions toute catégorie en ce domaine et surtout vu leur nombre d'heures de travail hebdomadaires, quarante-huit, cela fait relativiser…

*

Lever, petit déjeuner préparé par Marilù sa maman, des fruits exotiques découpés en fines lamelles, melon, poire, goyave, papaye, un délice sucré, juteux. Nous voilà parties à la découverte des Pyramides, une des nombreuses visites à ne pas rater à Mexico.
Sa maman est adorable, elle fait des efforts pour parler doucement.

Petit arrêt sur le chemin, on passe prendre Guadalupe, dit Lupita, la sœur de sa maman qui nous accompagnera tout au long de la journée. Puis, seconde halte pour récupérer l'un de ses petits-fils Rafael « Rafita », le petit Rafael. Grand jeune homme de trois ans sortant beau comme un prince dans son costume d'écolier de la garderie. Rafita est le filleul d'Arturo et de sa sœur Marilù.

A une cinquantaine de kilomètres de la capitale se situe le site des Pyramides, de Teotihuacan. Le Mexique est l'héritier de nombreuses civilisations qui se sont succédées : Olmèques et leurs nombreuses divinités, les Zapotèques, les Mayas qui commencèrent à ériger des pyramides et enfin les Aztèques.

*

Le site est composé de trois pyramides, celle du Soleil, de la Lune et du Serpent à plumes - le temple de Quetzalcóatl -, tout en longueur sur environ trois kilomètres avec une large allée centrale.

La première pyramide construite, la plus haute et impressionnante est celle du Soleil composée de deux cent quarante-huit marches. Ensuite vient celle de la Lune, plus petite, avec des marches moins imposantes mais dures à escalader.

Enfin le Temple du serpent est paré de statues qui pour la plupart représentent l'emblème du lieu, le majestueux serpent à plumes nous dévoilant ses crocs. Visite et vues splendides, montée du Temple de Quetzalcóatl avec Rafita dans mes bras. Avant de partir Lupita m'a offert en témoignage de ce bon moment un collier avec une belle pierre violette et Marilù une pyramide taillée dans du verre.

*

Il est de coutume pour chaque solstice de l'année que les mexicains se retrouvent en nombre sur le site, d'y grimper, de tendre les bras au ciel afin de se charger en énergie positive.

Arrêt dégustation avec au menu mon premier plat mexicain, pour moi ce sera les *huaraches*, des galettes ovales, un peu épaisses recouvertes de purée d'haricots rouges, d'oignons finement émincés et de fromage frais en petits copeaux. Je les recouvre avec parcimonie de sauce verte, elle-même composée de tomates (qui même à maturation restent vertes), de persil, piment et d'un peu d'avocat.

Fort piquante pour notre palais de français mais rehaussant la saveur des aliments, à conseiller vivement mais avec mesure.

Arturo appelle régulièrement sa maman pour savoir comment le voyage des exploratrices se déroule. Nous prenons du bon temps pendant que lui travaille dur…

*

Dès le lendemain, nouvelle destination au nom enchanteur Guadalajara. Le nom de cette ville m'a toujours intrigué et charmé. Depuis longtemps je m'étais promis quand je viendrai au Mexique, de passer la saluer.

Voici nos premiers vrais instants seuls tous les deux. Je n'avais pas oublié avant mon départ de prendre un coupon fait par Arturo et qu'il m'avait envoyé dans une lettre. Ce billet me donnait droit à une nuit gratuite dans un prestigieux hôtel de la ville.

Arrivés à l'aéroport, nous nous dirigeons vers un guichet de taxis, les taxis officiels de l'aéroport. Il est conseillé de les prendre, car ils sont plus sûrs que les autres, on paie la course au guichet, il n'y a donc pas de surprise de surcoût éventuel à l'arrivée.

*

L'hôtel est impressionnant. Il y a de très nombreuses chaînes d'hôtels prestigieuses situées dans tout le Mexique. Je n'ai jamais passé la nuit dans un si bel endroit, mon coupon vaut vraiment la peine !
Notre chambre est de la taille d'une suite nuptiale, jacuzzi, lit king size.

L'un comme l'autre nous sommes impressionnés par le fait de nous retrouver dans ce tout nouveau contexte d'intimité. On se sent un peu comme les deux adolescents que nous étions quand nous avons commencé notre correspondance.

Emotion de la découverte de sa peau, de sa douceur, de la communion de nos épidermes, l'un mat l'autre clair.
Harmonieuse entente de nos corps, l'alchimie de nos personnalités trouvait une suite toute naturelle dans notre nouvelle union. Ma tête repose sereinement sur son torse et j'entends une question arriver à mes oreilles qui me sort de ma torpeur bienheureuse.

« Est-ce que tu veux devenir ma femme ? »

*

Petit flash back …

Pour moi le mariage, la robe blanche et tutti quanti n'ont jamais été un rêve de petite fille. Etre l'attraction du jour, scrutée, photographiée, très peu pour moi.
Je me suis bien souvent dit que ce n'est pas un contrat écrit qui rendait deux êtres plus amoureux ou plus fidèles. L'engagement verbal entre deux personnes sincèrement amoureuses suffisait amplement.
La fidélité, le respect mutuel ne nécessitant pas deux anneaux et deux signatures pour exister.

Mais là, à cette question toutes mes certitudes et mes idées toutes faites volèrent en éclat. Aucune hésitation, car oui c'est toi, je le sais, je le sens, c'est toi maintenant et je veux que ce soit toi tout le temps. Je veux voir ces cheveux si noirs se grisonner, je veux que tu deviennes le père de mes enfants, et que petits vieux nous nous promenions encore tous deux main dans la main.

« Oui je veux être ta femme ».

Je ne peux cacher que malgré la simplicité pure et sincère du moment, je pensais rêver éveillée, la question et la réponse résonnaient en écho dans ma tête.

Le bonheur vrai, simple comme on le rêve quand on est petit.

*

Lendemain matin, premier petit déjeuner en tant que fiancés, grand buffet de fruits exotiques pour moi et pour Arturo un plat assez copieux avec lequel les mexicains ont l'habitude de déjeuner : œufs brouillés, *frijoles*, les haricots rouges en purée qui seront tartinés sur une *tortilla*, une crêpe de maïs ou de farine, le tout généreusement recouvert de sauce épicée, puis de tomates et oignons coupés en petits dés.

Découverte de la ville, main dans la main et arrêt à l'*Hospicio Cabañas*, un ancien orphelinat transformé en centre culturel avec à l'intérieur un beau patio. Nous avons privilégié cet espace un certain temps, assis sur un banc devant ce jardin fleuri aux arbres abondamment pourvus en fruits.

*

Là, le temps nous a joué des tours, je n'ai jamais vécu quelque chose de semblable. Nous étions enlacés, nous embrassant et ne formions qu'une enveloppe, un seul corps transporté au-dessus, au-delà de ce jardin.

Sentiment très étrange, perte de repères spaciaux et temporels, plus de notion du monde qui nous entoure, tout à nos sensations nouvelles. Troublant vraiment troublant, comme si nos deux cerveaux s'étaient mis en pause ou sur un mode « je suis l'autre, il est moi ». On est sur le même chemin, on se superpose.

Clignement des yeux, redescente sur terre. Vrai choc comme un arrêt brutal de l'ascenseur au rez-de-chaussée.

Trois, quatre heures peut-être se sont écoulées, retour à la vie, aux visiteurs qui nous entourent, vraie certitude d'avoir touché du doigt quelque chose d'incroyable, de difficilement racontable.

Guadalajara, très jolie ville, la seconde plus peuplée du Mexique, de style colonial, aux nombreux parcs et jardins. Ville pleine de charme et de mystère et qui à mes yeux s'est revêtue le temps d'un après-midi d'un voile doux et léger. Ces moments dont on se rappelle longtemps le sourire aux lèvres.

*

Puis retour au D. F. Distrito Federal comme est bien souvent nommée la ville de Mexico. L'heure de la première rencontre avec la Vierge de Guadalupe, la Vierge Noire, véritable symbole de la culture mexicaine. La Guadalupana protège les mexicains au quotidien.

La Basilique Notre Dame de Guadalupe est le second monument le plus visité au monde derrière la Basilique Saint Pierre au Vatican. Sur une immense place se côtoient l'ancienne basilique et la moderne. L'ancienne de par son poids a subi des dégradations liées au temps qui passe. Elle penche sérieusement d'un côté malgré les travaux de restauration pour la remettre à niveau. La nouvelle quant à elle à une forme futuriste et semble sortie tout droit d'un roman de science-fiction.

La ferveur des pèlerins, de la population mexicaine dans son ensemble est immense, jamais la basilique n'est désertée de croyants. Nombre de mexicains viennent la prier, la remercier, lui demander du soutien. Il est impressionnant de voir le nombre de personnes se déplaçant lors des processions pour lui rendre hommage. Ils parcourent de nombreux, pour certains des centaines de kilomètres à pied ou sur les genoux.

En contournant la zone principale de prêche et d'accueil des fidèles, une petite pente nous amène directement à une immense représentation de la Vierge de Guadalupe. On arrive devant par deux petits tapis électriques, l'un allant dans un sens, l'autre parcourant le chemin inverse. Cela permet aux nombreux visiteurs de pouvoir se recueillir devant elle sans devoir faire une queue trop longue et sans que des personnes restent trop longtemps devant son image.

*

Petite halte pour saluer Liz, jeune sœur d'Arturo et son époux Benito dans leur appartement, ma besace contient de petits cadeaux pour tous les deux, confiture d'abricots faite maison par ma maman et quelques douceurs auvergnates.

*

Ce break passé, nous prenons la route à trois, Rafael l'ami mexicain qui était venu en France, Arturo au volant et moi sur la banquette arrière, direction une destination dont le nom fleure bon les vagues du Pacifique : Acapulco.

Nom enchanteur, je sens déjà le frisson des vagues déchaînées se fracasser sur moi, le sourire scotché aux lèvres et la musique aux tonalités entraînantes nous mettant tous trois d'égale humeur festive.

Là, au détour d'un regard jeté sur le paysage qui défile et qui change rapidement, jungle abondante puis zone quasi désertique; je croise ton regard dans le rétroviseur entre le rosaire suspendu et le miroir. Il est de coutume d'accrocher un rosaire à cet endroit pour protéger, voire même de faire bénir la voiture à l'achat pour s'assurer de trajets sans encombre.

Ce regard… le rectangle du rétroviseur ne dévoile de ton visage que tes yeux, mais cette découpe improvisée me laisse sans voix. Je peux à loisir te regarder, toi les yeux fixés sur la route et moi très impressionnée par la profondeur de ces deux lacs noirs qui s'offrent en reflet.

Je me sens bien et en même temps j'appréhende que ces yeux profonds se décident à regarder dans ma direction. Quand par flash cela arrive, mon visage se paralyse, l'habitacle et le paysage environnant se dissolvent d'un coup, ne laissant en tête-à-tête que ces fenêtres de nos âmes.

Je garde ce moment précieusement en moi, un petit rien merveilleux qu'il est bon de ressortir à l'envi et qui a fait de ce trajet de quatre heures une balade aux pays de mes sens.

*

Arrivée dans la moiteur d'Acapulco, il fait lourd et c'est peu de le dire. Très peu d'air, chaleur du trajet, nous sommes tous très contents de gagner l'hôtel pour nous rafraîchir.

Le spectacle de l'hôtel est renversant. Une découpe fuselée, un nombre d'étages impressionnant, découverte de notre chambre et de son balcon avec vue sur l'océan.

A l'ombre, dans la chambre et profitant de la fraîcheur qu'une bonne douche revitalisante nous a permis de retrouver, nous savourons ce paysage à couper le souffle. Très peu de touristes sur la plage, enfin un petit air marin pour nous rafraîchir, on reste muets devant ce moment que nous imprimons chacun dans notre tête.

Au programme, la *Quebrada*, l'attraction reine de la ville où des plongeurs montent à mains nues le long d'une falaise abrupte avant de s'élancer dans une maigre étendue d'eau d'où s'élèvent des rochers tranchants.

Ils risquent leur vie à chaque plongeon tant le filet d'eau octroyé par le flux et reflux de la mer est minime. Le soir, les plongeurs allument des torches et leurs sauts n'en deviennent que plus périlleux.

Plongeons seuls ou de concert, ils s'élancent et bravent les éléments, droits comme des « i », ils fendent l'eau de leurs corps puissants.

*

Puis première discothèque à ciel ouvert où le prix des boissons tout petit promet des lendemains « aspirine à volonté » pour tous les vacanciers en désir d'alcool local !

Etant adepte des cocktails, piña colada en premier lieu, je suis bluffée par mon verre, énorme et bien rempli. Je ne sais pas exactement ce qui se fêtait ce jour-là, mais pour un acheté, le second était offert. Imaginez presque un litre de piña colada pour un euro cinquante.

Le lendemain matin se déroula ma toute première rencontre avec l'Océan Pacifique qui pour l'occasion avait revêtu ses plus beaux atours. Vagues démesurées, pas question de nager tranquillement, mais ce fut plutôt une sorte de lutte avec lui, les pieds enfoncés profondément dans le sable en essayant de ne pas être propulsé dans les airs par sa fougue.

Très revitalisant, sportif, je me retrouve au bout de quelques minutes repartant le maillot de bain rempli de petits cailloux que l'océan m'a généreusement laissé en souvenir. C'est je dois l'avouer très élégant pour une demoiselle de repartir ainsi pourvu. Je m'empresse donc de vider ces intrus afin de reprendre des formes plus féminines et moins caillouteuses...

*

Le bouquet final de ce séjour sur la côte pacifique fut un dîner dans un petit restaurant typique, connu et reconnu pour ses spécialités de poissons.

Arrivée de trois mariachis commençant à chanter la ritournelle. Paraissant sympathiques et après avoir convaincu Arturo, me voici devant ma première sérénade mexicaine. Je me sens un peu gauche d'être l'attention du restaurant, mais surtout émue de ce joli cadeau. Le petit concerto sur le thème de *Besame mucho* « Embrasse moi beaucoup» s'achève tout comme notre week-end à Acapulco.

Le retour à la capitale sera cependant ponctué de jolis arrêts, notamment à Taxco, petite ville aux maisons blanches et rouges, où la joaillerie et le travail du métal argent sont roi.

Une jolie cathédrale s'élève dans les airs, sa pierre à la tonalité rosée se détache sur le bleu limpide et sans nuage du ciel. Moment émouvant, pur, sobre de recueillement et de tendresse qui détone avec le caractère chargé et grandiloquent des lieux.

*

La capitale, ses autobus verts et blancs cabossés roulant à toute vitesse dont l'unique but est de prendre un maximum de voyageurs à n'importe quel endroit, aux arrêts prévus ou au petit bonheur la chance.

Je m'explique, le chauffeur reçoit un salaire fixe de misère mais n'est véritablement payé qu'au nombre de voyageurs qu'il aura eu au cours de la journée. Ceci entraînant donc un nombre d'arrêts impromptus et risqués important.

A noter cependant que si vous n'avez pas été satisfaits de la toute dernière queue de poisson de l'animal vert et blanc, est tatoué sur chaque engin le numéro de téléphone du service des plaintes pour vous exprimer.

*

Un haut lieu touristique à ne pas rater est sans aucun doute le *Zócalo* ou *Plaza de la Constitución,* nom de la place principale du centre-ville entourée d'une cathédrale et de bâtiments officiels d'où domine un drapeau mexicain immense faisant flotter très haut les couleurs du Mexique. Imposant, dressé sur un gigantesque pilonne de métal, le drapeau, orgueil de chaque mexicain est mis à l'honneur encore davantage à cette période de l'année.

Le 15 Septembre étant le jour de l'indépendance du pays, un peu avant cette date, le pays se pare de drapeaux, les devantures de magasins se font les plus belles, brillent, les bâtiments revêtissent leur tenue d'apparat. Jusqu'aux voitures qui grâce à un petit tube métallique collé à la fenêtre passager reçoivent en offrande et avec toute la dévotion qu'il mérite un petit drapeau afin que chacun puisse montrer sa fierté d'être mexicain.

*

Que ce fut rapide ce séjour tant espéré, mais en même temps j'ai le sentiment que nous l'avons vécu à fond, sereinement, tranquillement ou de manière beaucoup plus passionnée selon les heures.

Les valises sont prêtes, bien difficiles à boucler car je reviens tout aussi chargée de cadeaux qu'à mon arrivée.
Je dois même laisser à Arturo des chaussures ne pouvant trouver un espace suffisant pour les loger, une sorte de gage de mon futur retour.

*

J'ai le cœur léger.

L'heure du retour, dur cependant de se séparer, encore, mais sérénité de part et d'autre, car nous avons tous les deux la sécurité de nous revoir, d'avoir un long chemin à parcourir ensemble sur des bases différentes, sur des chemins amoureux.

Liz a gentiment accompagné son frère à l'aéroport pour les « au revoir ».

Avant de partir ils m'ont acheté des chocolats dont le cœur fondant est un mélange onctueux de caramel et de tequila.
Grave erreur… car depuis, je lui voue une véritable addiction. Pas écoeurant, riche en goût, il en existe à la tequila, au Bailey, au whisky, bref un délice pour le palais et un supplice pour les cuisses !

*

Je prends place au sein du Boeing, l'esprit un peu ailleurs, ma pompe de vie ne sachant plus que jouer, mélodie entraînante ou sonate aux notes plaintives.

Bref regard sur mes voisins, je suis installée sur le siège du milieu, à ma droite une jeune mexicaine et à ma gauche un Monsieur élégamment vêtu d'un costume gris anthracite.
Les consignes de sécurité achevées, je commence à écrire mue par une inspiration féroce une lettre qui t'es destinée. Jeter sur le papier ce que je ressens en ce moment, cette grande euphorie, ce bouleversement que symbolise ce voyage, ta demande en mariage et aussi l'angoisse de l'annonce à mes parents.

*

Alors que je continue de noircir les unes après les autres toutes les feuilles qui me tombent sur la main, complètement absorbée par mes écrits, j'entends à peine l'hôtesse qui s'approche pour servir un rafraîchissement.
Je lui réponds en espagnol, un jus d'orange.

Mon voisin me passe le verre et me demande dubitatif d'où je viens, car j'écris en français - il a lorgné sur mes écrits - je réponds aux hôtesses soit en espagnol, soit en anglais quand l'une d'elle me prend pour une *gringa*, une américaine.

Je lui explique que je suis française et ainsi commence notre conversation, sur note de « pourquoi suis-je venue au Mexique » ou de « est-ce que j'ai trouvé le pays agréable ». Je lui raconte la teneur du voyage et la demande que j'emporte avec moi. Tu t'appelles Ricardo et tu fus donc la seconde personne hors de ma famille à savoir que nous allions nous marier.

La première fut Marie Steph, mon amie des Beaux-Arts qui fêtait pendant mon séjour son anniversaire. Je l'ai appelée pour lui souhaiter et en ai profité pour lui annoncer la surprenante nouvelle. Me répondirent des pleurs en saccades, j'avoue que ce n'était pas la réaction escomptée.
Elle était heureuse pour moi mais sans doute submergée par l'émotion de ce que cette demande signifiait, ce futur éloignement.

*

Dès le début la communication passa à merveille avec Ricardo, plein d'enthousiasme, de bonne humeur, lui parler de notre histoire puis de sujets très variés comme nos métiers respectifs ou celui d'Arturo se révélait tout simple.

C'était d'ailleurs drôle, Ricardo allait rendre visite à un ami, en Suisse qui a un poste haut placé chez Holcim société suisse de béton, ciment. Arturo quant à lui travaille chez le concurrent mexicain Cemex et moi-même étant française je défendais en quelque sorte notre drapeau tricolore avec Lafarge. Une situation cocasse...

Nous avons échangé nos adresses, nous promettant de nous écrire pour donner des nouvelles et notamment de mon côté lui dépeindre la réaction de mes parents quand ils auront appris la nouvelle !

*

Arrivée sans encombre au pays, appel aux copains depuis le bus pour leur raconter en détail mes premières impressions, mais motus pour le mariage. Je devais laisser la primeur à mes parents. Il me faudrait attendre le week-end suivant pour me livrer.

Je connaissais déjà la grande estime et la tendresse que mes parents éprouvent pour Arturo, le petit Arturo comme l'appelle maman avec affection. Leur ayant toujours raconté dans les grandes lignes ses messages, il fait parti de la famille depuis bien longtemps, mais de là à l'imaginer dans le rôle du gendre, je ne savais vraiment pas quelle pouvait être leur réaction.

Le plus dur, je n'en doutais pas allait être la seconde partie de la nouvelle, dur à encaisser que leur fille unique doive partir vivre à des milliers de kilomètres. C'était simple à annoncer en terme de contenu, cela tenait en très peu de mots, les intégrer demanderait beaucoup plus de temps.

*

Le fameux week-end arrivera finalement assez vite, sans doute plus vite que je ne l'espérais, étant partagée entre la joie de leur annoncer ce grand bonheur et l'appréhension qui me tenaillait.

Je me rappelle leur avoir dit un traditionnel, « il faut que je vous parle, installons nous dans le salon, on sera plus à l'aise ». Forcément des visages teintés d'interrogations me firent réponse, mais ils acquiescèrent.

Je leur ai dit les choses calmement, telles que nous les avions vécues, ce cheminement mutuel, que nous ne sommes ni lui, ni moi des têtes brûlées, que malgré la rapidité des faits, nous avions bien réfléchi que notre détermination et notre amour pouvaient dynamiter toutes les difficultés qui adviendraient ou pas sur notre parcours.

Mon père m'a alors dit qu'il avait bien senti quelque chose de changé en moi après mon retour du voyage Paris/Londres et que ses soupçons s'étaient renforcés avec ce périple mexicain décidé tambour battant. Il en avait parlé à maman qui avait dégagé en touche visiblement.

*

Tous deux furent honnêtement heureux de la nouvelle, Arturo a toujours été mis sur un pied d'estale, garçon sérieux, attentionné, m'épaulant au travers de ses lettres. Les larmes vinrent du fait du futur éloignement, dans un pays inconnu, de coutumes, de nourritures différentes, coupée de ma famille, de mes amis.

Je n'éludais pas ce fait certain, vivre si loin allait être dur, mais je les ai rassurés en leur disant que je ne serai pas seul, que tu serais là pour veiller sur moi, que je serais avec celui que j'ai choisi comme compagnon de vie. Mes parents me donnèrent leur approbation et me dirent qu'ils préféraient me savoir heureuse là bas que végétant ici, si tel était mon choix, qu'ils étaient très heureux pour nous.

*

Cette annonce étant faite, il me restait encore un gros morceau à venir, prévenir aussi mes grands-parents maternels.
On a toujours été très proches tous les trois.

Mamie Thérèse qui par coquetterie veut que je l'appelle depuis toujours mamie parce que cela fait plus jeune que mémé et papi Daniel.
Cinquante-six ans de mariage à ce jour, bel exemple à suivre pour nos générations de « je prends, je jette sans état d'âme ». J'allais chez eux tous les mercredis midi quand j'étais petite.

J'avais droit à un super bifteck frites, des pieds de porc panés, du foie de veau persillé ou à de moins appétissantes cervelles de je ne sais quel pauvre animal.

Encore à ce jour, on profite avec délice des produits qui poussent dans le jardin de papi, des salades, haricots verts, petits pois, tomates, fraises au goût incomparable ou carrément de plats tous prêts qu'on a plus qu'à faire réchauffer, les pieds sous la table : pot au feu, petit salé ou jardinière de légumes...

Ma grand-mère souffrant depuis de nombreuses années de problèmes articulaires, je passais une bonne partie de mes grandes vacances avec eux, je connais ainsi une ribambelle de villes thermales : Dax, Amélie les Bains, Cambo les Bains, Jonzac...
J'allais à la pêche avec papi, au marché, à la mer, à la piscine, faire du petit train. Avec mamie je faisais mes cahiers de vacances, une page chaque jour, elle me racontait des histoires, des blagues, beaucoup de blagues, elle aime bien rigoler.

Mes grands-parents sont impressionnants, on leur donne tranquillement dix ans de moins que leur âge, il faut dire qu'ils ne se ménagent pas, ils ne restent jamais en place. Il faut croire que cela conserve, beaucoup de marche à pied, la traditionnelle sortie au bal le dimanche après-midi. Ils ont la grande classe tous les deux, chemise cravate pour Monsieur, élégant chemisier, colliers et boucles d'oreilles assorties pour Madame et rouler jeunesse, valse, paso doble, rien ne leur résiste !

Sans oublier, car l'amour ça s'entretient, leurs attentions tous les jours renouvelées depuis toutes ces années. Papi prépare le petit déjeuner de mamie tous les matins et lui apporte au lit, lui offre un bouquet de muguet tous les premiers mai... L'un est inséparable de l'autre.

Ils ont été tout deux aussi peinés que nous par la mort de pépé tout d'abord, ils veillaient par la suite avec beaucoup de tendresse sur mémé, lui apportaient des bons légumes du jardin, qui a part les pommes de terre ne lui faisaient guerre de l'œil, l'emmenant faire ses courses, en balade, ou à la maison de campagne. Ce fut un sacré choc pour eux aussi de la voir partir. On a les larmes aux yeux quand on parle d'eux tous ensemble.

Je me rappelle quand je montais dans la chambre de mamie, elle me faisait réviser du vocabulaire, apprendre des chansons.
D'un naturel curieux, elle s'amusait aussi à fouiller dans mes affaires de classe en quête d'un éventuel secret caché.
Quand je restais parfois dormir chez eux, je m'installais dans l'ancienne chambre de maman, les tapisseries sont dans les tons marron avec de grosses fleurs orangées, le style de l'époque. Dans l'armoire, plein de photos de son chanteur fétiche quand elle était ado : Gérard Lenormand.

Le soir on regardait la télé ou le match de foot emmitouflés dans une couverture en laine, on est tous fans des Verts, de Saint-Etienne depuis des générations !

Bref, il n'allait pas être simple de leur annoncer la nouvelle. Eux connaissant Arturo mais de manière plus lointaine, ma révélation fut suivie d'une pluie de questions, « que fait-il dans la vie », et « ses parents », « ses sœurs »… Mais la pensée du prochain départ a une fois encore serré le cœur et rendu les yeux bien rouges.
Il leur a fallu comme à nous tous du temps pour s'y habituer.

*

Même si la pièce montée était maintenant quasiment au complet, il fallait encore l'annoncer à mes patrons. Eux représentent en quelque sorte les deux mariés miniatures que l'on pose au sommet, c'est-à-dire que sans eux, le succulent dessert perd de son harmonie, il n'est pas complet.

*

Le travail est un élément essentiel de mon équilibre, je suis une vraie passionnée, j'aime m'investir pour quelque chose qui me plaît, pour des gens que j'estime et c'est bien le cas pour notre équipe. Equipe qui ne cesse de s'agrandir mais dont les racines sont faites de relations humaines, souples dans leur ensemble, ce qui dans le milieu du marketing ou de la communication n'est pas toujours évident à trouver.

Alors oui la joie n'était pas encore totale sans leur réaction. J'avais dit à Londres que je pourrai quitter mon travail pour celui avec qui je passerai ma vie. Ma décision était prise : toi en tout premier et si le travail ne pouvait pas suivre, il faudrait le laisser à contre cœur certes, mais le laisser.

Ne m'avouant cependant pas vaincue avant la bataille, j'ai mis en place tous les arguments montrant que je pourrai poursuivre mon travail du Mexique, élaborant une journée type, essayant d'anticiper les points négatifs afin de savoir quoi leur répondre.

En toute honnêteté, je ne leur aurai pas proposé si je ne pensais pas en être capable ou si cela me paraissait trop invraisemblable. Il me fallait un ordinateur, une excellente connexion à internet, un casque, un logiciel pour parler avec mes clients en simultané. J'ai vérifié combien coûterait ce système par mois, les prix étaient hyper compétitifs, le problème majeur auquel je n'y pouvais rien étant les horaires, le décalage horaire.

Sept heures de moins au Mexique, nos clients ne pourraient malgré toute ma bonne volonté pas me joindre en matinée. Il faudrait trouver une solution. Il fallait au minimum qu'ils puissent me contacter dès quatorze heures, ce qui correspondait à sept heures du matin heure mexicaine. Je proposais de former Djaouida, l'une de mes collègues si un client cherchait à me joindre en début de journée. Ainsi selon le caractère d'urgence, elle pouvait soit le traiter directement, soit l'inviter à me contacter à quatorze heures. Tout était écrit, lu et relu.

J'ai sans doute fait preuve d'un peu de lâcheté en leur envoyant tout ça par email. Je suis à vrai dire bien plus à l'aise à l'écrit qu'à l'oral où j'aurai eu tendance à me laisser gagner par les émotions, tant l'enjeu était d'importance. Il me faudrait bien sûr dans un second temps passer un entretien face à face avec eux, mais le gros du travail aura été fait.

Après une réunion où des salves de questions ont fusé de toutes parts, ils m'ont accordé leur confiance et dit qu'on faisait un test sur trois mois. A l'issue de ces quelques mois et si les clients ne se plaignaient pas de ce changement, nous continuerions avec ce système là.

Affaire conclue, le cœur léger comme une bulle de savon, je me sentais pleine, complète, rassurée. Je mettrai tout en place, ferai les efforts nécessaires pour qu'ils n'aient pas à regretter leur choix.

*

Maintenant que l'annonce du futur mariage était faite, il fallait l'organiser en sept mois, sachant que la plupart des couples s'y prennent un an à l'avance, le compte à rebours était lancé ! En premier lieu les deux éléments essentiels, le traiteur et la robe.

Commençons par la tenue, pour je ne sais quelle raison je m'imaginais dans une robe avec une grande encolure, comme une sorte de haut de chemisier échancré. Je ne savais même pas si cela existait, n'en ayant jamais vu, sauf dans mon imagination fertile.

Maman a trouvé une créatrice qui en réalisait sur ce modèle et par chance, il y avait un revendeur sur Lyon. Rendez-vous fut pris avec la boutique pour un essayage. Maman est donc montée sur Lyon pour me distiller ses judicieux conseils. Elle a toujours eu un jugement sûr, pas hypocrite pour deux sous, mieux vaut la franchise plutôt que de se retrouver avec une allure de sac à patate le jour J !

Etant arrivées un peu en avance au rendez-vous, nous en avons profité pour regarder les robes en vitrine, on a tout de suite flashé sur une tenue composée d'un bustier et d'une jupe un peu tzigane, faite d'assemblage de différents tissus soyeux, plus ou moins transparents, plus ou moins longs.

Premier essayage : la robe à la grande encolure et là déception, elle était belle sur le mannequin mais ne convenait pas du tout à ma morphologie, plutôt pudique de nature, elle était de plus bien trop échancrée pour moi, mes futurs partenaires de danse auraient eu à loisir de connaître une bonne partie de mon anatomie !

Nous avons alors demandé qu'elle nous sorte la robe tzigane et là La révélation, le gros coup de cœur. Elle a fait l'unanimité du côté des vendeuses, bon à ce niveau là pas vraiment d'objectivité, mais aussi de notre côté, je me sentais à l'aise dedans, bien.

Elle avait en plus un petit accessoire qui la démarquait de toutes celles que j'avais pu voir, une sorte de châle fait du même tissu qu'un pan de la robe que l'on pouvait mettre sur les épaules, de matière souple mais avec du soutien, il apportait un joli galbe aux épaules et terminait l'ensemble d'une manière très raffinée. La vendeuse nous a proposé d'autres modèles à la coupe quasi identique, j'en ai essayé deux supplémentaires pour lui faire plaisir, mais honnêtement la robe tzigane portait l'adhésion de toutes.

Aucun autre magasin ne fut nécessaire, seulement celui-ci, quatre essais de robes et c'était emballé. Avant le mariage, il y aurait deux essayages supplémentaires destinés aux éventuelles retouches, le premier le plus important car la robe serait à mes mesures et le second un peu avant le jour J pour vérifier qu'avec le stress, la future mariée n'a pas perdu ou pris un peu de poids, selon les tempéraments.

*

Une bonne chose de réglée, désormais le traiteur, point essentiel du bon déroulement de la journée. C'est souvent un élément sur lequel les convives sont intraitables. Ils jugent la quantité, la qualité, si les plats étaient chauds, copieux, originaux, s'ils ne sont pas repartis avec la faim… On était prévenu, pas le droit à l'erreur pour la nourriture !

Recherche sur internet de traiteurs locaux, prise de rendez-vous pour goûter leurs mets que nous espérions savoureux. Il faut dire que ce ne fut pas une punition de déguster et tester de bons petits plats ! Finalement nous avons été séduits par un jeune chef très sympathique qui cuisinait des plats copieux, faits de produits de choix et dont la présentation était très soignée.

Au menu, fois gras, figues et pain d'épices, mais mieux vaut que je vous cite les jolis noms que le restaurateur donne à ses plats qui rien qu'à leur lecture donne l'eau à la bouche :

* Médaillon de foie gras de canard à l'Armagnac, compote de figues à la vanille et son pain d'épice (vin Sauternes)

*Filet de daurade royale poêlée avec son concassé de tomates au basilic (vin Chablis)

* Granité de pamplemousse rose et Tequila

* Magret de canard rôti aux figues, miel, abricots séchés et sa garniture de légumes (vin Gigondas)

* Valse de fromages

* Symphonie de desserts et le Croque en bouche des mariés (Champagne)

* Buffet de café

Pour la végétarienne que je suis et pour nos autres convives qui l'était, en entrée un mille-feuilles de guacamole et de crabe, et pour les noms élaborés du chef :

* Mille-feuilles de crabe au guacamole, vinaigrette au soja et fines herbes

* Aumônière de Saint-Jacques au beurre de cidre

Pour faire une pause, nous aurions droit à un trou normand qui pour changer de celui aux pommes et calvados serait composé de sorbet pamplemousse recouvert de tequila. C'est drôle ce fut une des trois propositions du chef qui ne savait rien des origines d'Arturo, mais en l'honneur du pays de mon futur époux, notre choix s'est porté tout naturellement sur le pamplemousse/tequila, c'était un joli clin d'œil.

Un repas français ne serait pas un repas complet sans notre traditionnel fromage accompagné de quelques feuilles de salade et de pain aux noix. Pour ce qui est du dessert, c'était un pâtissier qui s'en chargerait mais là motus des parents, surprise. Impossible d'en savoir plus.

Afin qu'Arturo participe le plus activement possible au mariage, j'ai pris en photo tous les plats, les idées de serviettes, de nappage, de décoration afin qu'il donne son avis sur ces différentes propositions.

*

Ma coiffure quant à elle serait toute simple, sans fioriture, les cheveux lâchés avec une fleur accrochée sur le côté, une orchidée, naturelle et romantique, c'était l'idée.

Pas de collier, des boucles d'oreille sobres, dans les tons de bleu. Le bleu étant notre couleur préférée avec Arturo, il fut décidé que ce serait les tonalités des accessoires du mariage, décorations, tables : du blanc et du bleu.

*

Peu à peu on s'est décidé pour la décoration des tables, de belles serviettes bleu nuit avec un liseré doré et un plan de table dans les mêmes tonalités. Pour ce qui est des fleurs à l'identique de mon bouquet, ce serait des arums blancs. Mes parents ont trouvé des bouteilles d'eau minérale bleu nuit qui une fois vidées de leur contenu nous faisait de très beaux vases à la ligne fluide et évasée vers le haut afin de recueillir un arum et un peu de feuillage.

Chacun aurait droit aussi de repartir avec de petits cadeaux, je trouve l'idée sympa que tous les invités puissent conserver un souvenir de la fête. Un client de ma société est spécialisé dans les dés ronds, dés qui comme leurs homologues carrés tournent et indiquent un chiffre au final. Dans un étui transparent, chaque convive aurait donc deux dés ronds, un bleu nuit aux points blancs et un blanc aux points bleu nuit avec inscrit sur l'étui nos deux noms et la date.

En me promenant un dimanche sur les quais de Saône, je me suis arrêtée sur un stand qui présentait des perles de verre aux reflets bleutés et translucides. En forme d'ogive, plate, en les mettant à la lumière, chacune révélait des couleurs étincelantes. Je me suis dit que posées sur une nappe blanche l'effet pourrait être surprenant. En passant un fil au centre de la perle, on pouvait également s'en faire un collier. Affaire conclue.

Enfin un élément typique de nos mariages français, les dragées. Elles seraient à l'image de la décoration, blanches aux amandes et bleu marine au chocolat, le tout dans une petite bourse bleu nuit translucide fermée par un nœud bleu où serait accroché un petit carton indiquant nos noms et la date de la cérémonie.

Tout commençait à prendre forme, papa s'occupait du vin et du champagne. Pour satisfaire les gosiers toujours un peu secs de nos convives en ce type de soirée, ils auraient de quoi se faire plaisir avec du Sauternes, du Chablis, du Gigondas et du Champagne.

*

La salle des fêtes de mon village était disponible pour la date prévue, venant tout juste d'être refaite, spacieuse, elle conviendrait à merveille pour danser jusqu'au petit jour.

Un ami adorable sur qui j'ai toujours pu compter et qui a une place réservée à vie dans mon existence, Lionel A. pour ne pas le citer, directeur artistique de son état a gentiment et talentueusement réalisé notre invitation. J'avais quelques idées en tête, mais lui seul a su les transposer sur papier et les surpasser à merveille.

L'invitation, originale, de forme carrée, avec des photos de nous deux petits et grands et pour clore le tout le slogan suivant : « Les seules barrières infranchissables sont celles qu'on s'impose à soi-même ». Un franc succès.

Comme j'adore expérimenter, tester, « tartouiller », je serai en charge de décorer les enveloppes. Mon choix s'est porté sur un tampon encreur représentant deux mariés joviaux. La technique allait être la suivante, prendre le tampon, le recouvrir de poudre dédiée à cet effet et réaliser une empreinte sur l'enveloppe. A ce stade rien de transcendant, mais la poudre une fois chauffée à l'aide d'une sorte de sèche cheveu hyper puissant laisserait apparaître en sur épaisseur le modèle au ton bleu brillant. Ensuite, en passant le doigt dessus on sentirait le modèle en relief.

Par internet j'avais fait réaliser des timbres personnalisés à notre image, dans des tonalités sépia qui devaient selon mes calculs harmonieusement s'associer avec le bleu des jeunes mariés.

*

Récapitulons : robe ok, traiteur choisi, invitations validées, il restait à les imprimer. Je fus une fois encore grandement épaulée par Lionel à cette occasion, salle des fêtes réservée, décoration des tables en cours.

Il nous restait : la rencontre avec le curé, l'achat des anneaux, l'hébergement pour les amis, le photographe, pourquoi pas un cameraman pour immortaliser le moment (à voir selon les prix), un DJ pour l'ambiance, prévenir les témoins qu'ils seraient témoins, un traducteur en espagnol pour les textes officiels et le gros morceau la liste des invités et le plan de table.

*

J'ai repéré chez un bijoutier vichyssois un modèle d'anneaux qui me plaisait, on reviendrait avec Arturo pour voir si à lui aussi, ils lui convenaient. Comme l'échange des alliances ne se ferait qu'au Mexique lors de la cérémonie religieuse, on aurait le temps de les commander.

Nous allions cependant avoir chacun un anneau pour la cérémonie, Arturo allant m'offrir car c'est de tradition une bague de fiançailles ornée d'un diamant, quant à moi j'ai opté pour lui pour un bijou assez design en titane.

*

Le photographe, voici un autre personnage clé du bon déroulement d'un mariage, avec dans ses mains les souvenirs qu'on garderait des années durant, que la famille et nos futurs enfants regarderaient avec émotion. Le choix s'est révélé simple, par les hasards d'un envoi d'email.

Delphine, une copine de Saint-Etienne a un jour envoyé un email à l'ensemble de ses amis, j'en fais partie. Un certain David m'a répondu, me demandant de mes nouvelles, je ne le connaissais pas, il m'a confondu avec une amie de son entourage. Ce quiproquo élucidé, nous avons sympathisé, on a continué par échanger et par devenir copains.

David, éducateur sportif par métier et passion, en avait une autre qu'il exerçait au début à titre amateur les week-ends : photographe de mariage. Pendant plus d'une année, il m'a envoyé des exemples de ses photos qui se démarquaient de toutes celles que j'avais pu voir jusqu'alors. Décalées, à l'angle juste, il faut dire que bien souvent les photos de mariage sont kitsch au possible, rigides, guindées.

Au fil des semaines, il est devenu un professionnel à part entière dont j'apprécie le travail, avec un petit coup de cœur pour ses créations en noir et blanc et en sépia.

Quand le moment fut venu de choisir un photographe, je n'ai pas eu d'hésitation, ce serait lui ! En plus n'étant pas à l'aise du tout avec l'objectif, je me disais qu'avoir affaire à quelqu'un de connaissance nous aiderait Arturo et moi. Photographe réglé.

Puis ayant eu l'exemple pour le fils d'une collègue, maman m'a dit qu'un cameraman talentueux avait laissé un souvenir incroyable aux jeunes époux. On a pris les coordonnées de la personne et rencontre dans un bar de Clermont Ferrand.

Le jeune homme s'appelle Christophe. Je lui ai raconté notre histoire, il a visiblement été tout de suite ému, touché et enthousiasmé. Il nous a présenté ses derniers travaux, des films qu'il a pu réaliser. Avec nous, il aurait carte blanche en terme de laisser aller créatif, qu'au contraire par petites touches, ses effets seraient très appréciés.

Il parlait avec passion et sensibilité de son métier, du soin qu'il apportait à ses films, du temps passé jusqu'à ce qu'il soit pleinement satisfait, etc. Je me suis reconnue en lui des années auparavant quand je mettais du cœur à la réalisation de mes projets aux Beaux-Arts.

Christophe, bienvenu dans l'équipe ! Nous avons bien choisi car il nous a réalisé un DVD unique, émouvant, soigné que nous regardons à chaque fois avec un plaisir non dissimulé !

*

Vous avez déjà pu via les portraits précédents faire la connaissance de quelques gentilles fourmis travailleuses qui participaient ou participeraient aux préparatifs de cette journée et au jour J.

Je vais vous en présenter de nouvelles qui ont fait elles aussi un travail surhumain.

Il fallait trouver des idées d'hébergement pour la plupart de mes amis, certains étant de la région, mais la grande majorité venant de Lyon et des environs, nous devions loger ce petit monde.

Selon les goûts de chacun, des hôtels seraient proposés et pour ceux qui soit en avaient l'habitude (Karim, Laurent, les deux Lionel, Elvis, Damien entre autre) parce qu'ils connaissaient les lieux, soit parce qu'ils avaient une idée du confort moins sélective (la plupart des copains du travail) viendraient à Lapalisse dans la maison de campagne de mon enfance.

*

J'ai eu l'occasion de vous le dire, dès petite fille, de cette maison s'est toujours dégagée une atmosphère sereine, tranquille, baignée de rires, de parties de pêche, de bons repas.

A l'origine, c'était une vieille ferme en ruine qui a été retapée par mes deux grands-pères Lucien et Daniel. Entourée de prés, d'étangs, j'y ai passé de nombreux étés étant enfant, puis ce fut le lieu de toutes mes soirées d'anniversaire, plus ou moins arrosées selon l'âge. Le lieu idéal pour festoyer et mettre la musique à fond, sans aucun voisin à la ronde !

Quand je pense à la maison, j'ai des images flash de feu crépitant dans la cheminée, des gâteaux de mémé, des pizzas que l'on essayait tant bien que mal de faire réchauffer dans le four capricieux, des cocktails maison, sangria, caipiriña, des barbecues quand le temps le permettait, des bonnes rigolades, des moustiques gros comme la main, des attrape-mouches gluants, des abreuvoirs un peu trop accueillants, des lendemains parfois vaseux, des cadavres de bouteilles que de gros sacs poubelle allaient gober.
Je souhaitais associer cette maison qui représentait aussi pépé et mémé à la grande fête.

*

Certes l'idée était sympathique mais dans les faits la maison comprenait quatre chambres, un canapé et des matelas pouvant accueillir une dizaine de personnes peu regardantes sur le confort. Le compte était loin d'être bon.

Voilà alors l'entrée en jeu de mes petites fourmis travailleuses, mon oncle Raymond dit Bilou, sa femme Flo, leurs deux enfants, mes cousin et cousine adorés Valentin et Aurélie. Mais aussi nos vaillants amis parisiens, Olive, sa femme Cathy et leurs enfants Thomas et Maud. A cette joyeuse troupe s'ajoutent mes papi/mami et mes parents, sans oublier Praline, la chienne !

Ils ont tous réalisé un travail remarquable faisant de Vacabon (nom de la maison de campagne et du lieu-dit) un endroit magique pour terminer la fête et se retrouver le dimanche.

La maison a fait peau neuve, entièrement rafraîchie par une bonne couche de peinture blanche. L'arrivée vers la maison anciennement composée d'herbe du pré (qui par temps de pluie se transformait en boue visqueuse) a été creusée puis recouverte de tonnes de gravillons. L'ancienne serre sous laquelle poussaient des herbes folles a eu le sol aplani, puis recouvert de béton pour accueillir de futurs danseurs et notre repas dominical. De belles glycines telles des couronnes recouvraient de leur teinte violette le bel ensemble.

L'éclairage n'a pas été oublié, tout un réseau électrique sous terrain a été ingénieusement pensé et réalisé pour qu'à la nuit venue, la propriété s'éclaire de mille feux. Enfin, les anciennes étables ont été elles aussi réaménagées pour pouvoir accueillir les futurs invités en mal de sommeil.

Méconnaissable... Je tire un grand coup de chapeau à toutes ces heures de travail passées à remodeler maison et serre, nombre d'heures prises sur les week-ends et vacances de tous. Merci.

*

Par des connaissances, j'ai eu l'adresse d'un DJ qui semblait faire du bon travail, discret mais sachant mettre de l'ambiance selon les dires.

Je voulais cependant m'assurer personnellement du type de musique qu'il avait en stock. Bon feeling, garçon gentil, il a bien compris nos goûts, il y en aurait pour tout le monde, valse, tango pour les papi/mami, rock, musiques entraînantes pour tous, sans oublier des mélodies espagnoles et mexicaines pour que tout le monde y trouve son compte.

Anthony, tu es engagé.

*

Les choses se mettaient en place sereinement, ce qui n'était pas gagné dans notre famille de stressés !

Il y aurait donc le 5 mai un mariage civil suivi d'une bénédiction à l'église, le tout un an jour pour jour après ma première rencontre avec Arturo. Cette petite église d'Abrest a vu se marier mes grands-parents paternels, ce fut également là que mon oncle et mon père firent leur communion, plein de symboles.

Comme le village d'Abrest voyait son curé prendre sa retraite, on m'a donc orientée vers un diacre, Monsieur Chaillot. Personnage mettant en confiance, sympathique, de bon conseil. Nous avons fait ensemble les traditionnels rendez-vous anticipant le mariage. J'ai participé aux réunions prénuptiales, seule forcément, Arturo étant durant tous ces préparatifs dans son pays.

C'était assez original d'arriver seule et d'être entourée de nombreux couples plus ou moins impressionnés, au parcours divers, aux origines variées. Je racontais comme toujours avec émotion notre histoire.

Dès la sortie des réunions - durant lesquelles je prenais des notes pour toi, pour ne rien oublier -, je m'empressais de me connecter à internet pour te retranscrire par mail les thématiques abordées, les questions vues durant la soirée.

Puis vînt le choix des textes qui seraient lus durant la bénédiction et la recherche de leur équivalent en espagnol. Je mettais un point d'honneur à ce que la majorité de nos invités mexicains puissent comprendre les passages cruciaux de la cérémonie.

J'ai donc préparé pour chacun des feuillets reprenant chronologiquement les textes qui seraient dit en français afin que tous se sentent complètement intégrés au processus.

Enfin le choix des musiques, pour l'entrée dans l'église, pour les intermèdes et pour la sortie. Ce serait *Hallelujah* de Jeff Buckley en arrivant, une chanson qui prend aux tripes et élève, puis le rythme festif et entraînant de Butterfly Ball avec *Love is All* pour la sortie (musique de la publicité pour Sironimo pour ceux qui s'en souviennent). Le préposé aux changements musicaux serait à nouveau Lionel, mon génial multi casquettes d'ami !

*

Les témoins, de mon côté ce serait mon amie de toujours (ou presque) Céline avec qui j'ai partagé mes peines, nos désirs, de grandes joies ou de profondes amertumes. Toi qui a suivi mes correspondances avec Hélène, Kostas, Romy et Arturo, toi qui a été aussi là pour notre toute première rencontre parisienne.
Et Marie Stéphanie, dite « puffette », mon amie dont l'envie de croquer la vie est toujours impressionnante.

Pour Arturo ce serait ton complice, ton *carnal* Jorge, mon ami aussi, qui tout comme Céline fut aux premières loges durant l'escapade parisienne.

Témoins de notre rencontre, témoins de notre union.

*

On avait de la chance, les amis mexicains allaient être présents en nombre, avec tout d'abord tes parents, ta grande sœur, Norma sa meilleure amie, puis tes amis Tomoko, Pilar et enfin tes compagnons de Cemex : Grethel, Bernardo et ton incroyable et adorable patron Homero.

Manquaient malheureusement à l'appel ta jeune sœur Liz et Benito son mari.

*

Rencontre avec le maire qui allait nous unir, je lui raconte l'histoire de notre couple atypique, qu'il ne pourrait rencontrer le futur époux que quelques jours avant le mariage, car il se trouve toujours à des milliers de kilomètres de chez nous !

Le maire m'a alors surprise en me disant que le jour de notre union, il dirait en l'honneur des mexicains quelques mots en espagnol. Jolie attention de sa part.

Pour les textes officiels, notre traductrice serait la petite amie d'un copain Ludovic. Angélique a fait un sacré travail traduisant les écrits au pied levé, tout comme les différents articles de loi que lirait le maire et réalisé aussi un vrai boulot d'interprétariat avec les messages de Jorge et des témoins à notre attention.

*

Tout se déroulait jusqu'à présent sans accrocs, restait la dernière ligne droite, le choix des invités et le plan de table. Vrai casse-tête pour placer les convives, ne pas froisser les sensibilités, qui s'entendra le mieux avec qui ? Dilemme.

Papa nous a fait les plans sur des feuilles et à coups d'étiquettes, de ratures, de correcteurs, on a finalement réussi à placer tout le monde. Il y a des invités qui viendraient au vin d'honneur et d'autres qui resteraient tout au long de la soirée en notre compagnie.

*

Surprise de presque dernière minute, en plus du DJ, nous aurions le grand privilège de compter parmi nous un groupe en live. Le chanteur Gautier, mon collègue et grand ami stéphanois m'a fait un immense cadeau. Il me parlait souvent après coup qu'il venait de faire un concert dans un bar, mais par timidité, de peur que ses amis le voient jouer alors qu'il ne se sentait pas encore au top, il ne nous le disait qu'après le dit-concert.

Le fait qu'il accepte de jouer pour nous m'a vraiment retournée. Muse, les Red Hot, les Smashing Pumpkins et tant d'autres allaient donc via ses talents et ceux de ses acolytes du groupe être de la partie. Cela promettait de rock n' roller !

A noter également une très belle attention de mes deux collègues et amies Blandine tout d'abord puis Estelle, sous la forme d'un site Internet avec des photos des futurs mariés bébé, puis enfant jusqu'à maintenant. L'idée originale en revient à Blandine qui s'était mariée un an plus tôt avec François et m'a permis de reprendre son concept. Elle a fait les modifications de couleurs, de textes pour qu'il soit à notre image. Par la suite Estelle a fait les montages des photos qui défilaient, un très beau résultat.

Une rubrique était dédiée au marié, pour lui permettre à lui aussi de s'exprimer sur notre rencontre, notre futur mariage. Voilà ses mots en version originale, puis traduite en français :

« Palabras del prometido!!!

Realmente, no se donde empezar, cuando me han dicho que existía una sección en la página para qué plasmará unas palabras, ufff, no he sabido qué escribir, ahora tengo un espacio para mi solo!!!! Para escribir, genial!!!!! No lo creen?

Muchos de ustedes, hasta donde creo, deben estar sorprendidos, impresionados y tal vez escépticos de la noticia tanto del lado de Stéphanie como del mío, que gran sorpresa cierto? De dónde salió Arturo???? Y Stéphanie?????

Para todos aquellos que todavía no saben o tienen un poco confuso, como nos conocimos... claro, mi versión, jejeje...

Hace un poco más de 14 años, cuando yo entraba al bachillerato, he de confesar que no andaba muy bien en la clase de inglés, mi maestra Esther – todavía recuerdo su nombre - me inscribió a un servicio de correspondencia – según ella para que aprendiera y pudiera mejorar mi inglés con personas nativas de algún país anglosajón (EUA o Inglaterra) - ¿ustedes creen? Mmmhh – El caso es que finalmente he recibido un nombre y una dirección... STEPHANIE RIGAUD, ABREST, FRANCE... imaginan????? con problemas hablo el español, el inglés, ni se diga... qué iba yo a andar hablando francés!!!!!!!! - hasta la fecha todavía no puedo -.

Al cabo de unos días he recibido una cartita, muy bonita, de una francesa llamada precisamente como la dirección que había recibido anteriormente, Stéphanie Rigaud!!!! Pero qué creen? Sí, así es!!!! Estaba en español!!!!!!! Y quería practicar su español con algún nativo de habla hispana - como yo con el inglés - jejeje.

Desde ese momento, puedo asegurarles que cientos de cartas han sido escritas y han viajado de un lado a otro del océano atlántico. Comenzó una amistad, pura y sincera, que día a día sigue creciendo, desde ese entonces, alimentándose de las palabras que cada uno sentía y vivía, desde su lugar, desde su tierra, desde su trinchera... las vivencias y las experiencias, los éxitos y los tropiezos, de cada uno, respectivamente iban formando parte de nuestras vidas, a más 10,000 kilómetros, ella sabía todo de mi, yo sabía todo de ella, ¿qué bonita amistad, no creen?

Algunos, creo que son muy pocos, quienes en verdad me conocen verdaderamente - me sobran los dedos de una mano -, saben mi forma de pensar y de ver la vida, siempre tuve el anhelo de encontrar a la mujer que resumiendo, me hiciera dar la vida por ella, que me hiciera pensar simplemente dejar todo por ella, claro... algo muy anhelado que entraba en planes a largo plazo.

¿Qué pasó? Mmhh, finalmente, he encontrado esa hermosa mujer, mi anhelo, mi sueño ha sido cumplido, mi corazón y mi alma, así como la razón, han dado cuenta que la maravillosa mujer que conocía desde hace 14 años, mi amiga, mi confidente, mi correspondiente, es ahora quien hace latir mi corazón, hace que mi pecho sienta a cada momento un gran golpe, falta de aire con el simple hecho de pensar en ella, wow, que sensación

¿Alguno de ustedes ha sentido algo igual? Se los recomiendo!!!! Es bueno el que se le dibuje una sonrisa en su rostro cuando piensas en ella, o sea, a cada momento, siempre traigo la sonrisa !!!!!!!! Sonrisa banana !!!! Mi vida ahora tiene más sueños, pero ahora también todos son junto a ella y con ella...

Me siento muy afortunado y dichoso de compartir mi vida con Stéphanie, para quienes la conocen, me darán la razón totalmente!!!! No pude sacar mejor premio en la vida!!!! Hoy, también me siento muy agradecido con Dominique y Jean Paul, por haber hecho tan excepcional obra de vida... Stéphanie!!! Muchas gracias.

Amigos, espero verlos a todos ustedes muy pronto en Abrest, y qué celebren con nosotros la inmensa dicha de la unión de Stéphanie y un servidor... estoy ansioso de conocer a muchos de ustedes y de compartir esos momentos con nuestra gente querida!!!

Y también, los esperaremos en México, muy pronto...

Saludos a todos

Arturito »

*

« Je ne sais réellement pas par où commencer, quand on m'a dit qu'il existait une partie dédiée dans le site afin que je formule quelques mots, olala, je n'ai su qu'écrire, maintenant j'ai un espace seulement pour moi !!! Pour écrire, génial !!! Vous ne pensez pas ?

Selon moi beaucoup d'entre vous doivent être surpris, impressionnés et peut-être sceptiques de la nouvelle autant du côté de Stéphanie que du mien, quelle grande surprise, n'est-ce pas ? D'où vient Arturo ? Et Stéphanie ?

Pour tous ceux qui ne savent pas encore ou qui sont un peu confus, comment nous nous sommes connus... Bien sûr, c'est ma version, eh eh eh...

Cela fait un peu plus de 14 ans maintenant, quand j'entrais en seconde, je dois bien confesser que je ne marchais pas bien en classe d'anglais, ma professeur Esther - je me souviens encore de son prénom - m'a inscrite à un service de correspondance - selon elle pour que j'apprenne et puisse améliorer mon anglais avec des personnes natives d'un pays anglo-saxon (USA ou Angleterre) – Qu'en pensez-vous ? Mmmhh –

Le fait est que finalement j'ai reçu un nom et une adresse... STEPHANIE RIGAUD, ABREST, FRANCE... Vous vous imaginez ??? Avec le problème suivant, je parle espagnol, anglais, cela voulait donc dire... que j'allais commencer à parler français !!! - à l'heure qu'il est, je ne peux toujours pas -.

Après quelques jours, j'ai reçu une petite lettre, très jolie, d'une française appelée précisément comme sur l'adresse que j'avais reçu auparavant, Stéphanie Rigaud !!! Mais hallucinant, oui, eh bien oui !!! Elle était en espagnol !!! Et elle voulait pratiquer son espagnol avec un hispanophone - tout comme moi avec l'anglais - eh eh eh.

Depuis cet instant, je peux vous assurer que des centaines de lettres ont été écrites et ont voyagées d'un côté à l'autre de l'océan atlantique. Ainsi commença une amitié, pure et sincère, qui jour après jour a continué de croître et depuis lors s'alimentant des mots que chacun ressentait ou vivait, depuis son pays, depuis sa terre, depuis sa contrée... notre vécu et nos expériences, succès et difficultés qui faisaient respectivement partis de nos vies, à plus de 10 000 kilomètres, elle savait tout de moi et moi tout d'elle. Quelle jolie amitié, vous ne pensez pas ?

Certains, je crois qu'ils sont bien peu, ceux qui en vérité me connaissent véritablement - ils se comptent sur les doigts d'une main - savent ma façon de penser et de voir la vie. J'ai toujours eu l'ardent désir de rencontrer une femme qui, pour résumer, ferait que je donne ma vie pour elle, pour qui je pourrai tout laisser, c'est clair... quelque chose de désiré qui entrait dans mes projets à longs termes.

Que s'est-il passé ? Mmhh, finalement, j'ai rencontré cette belle femme, mon désir et mon rêve on été exhaussés, mon coeur et mon âme, tout comme ma raison se sont rendus compte que la merveilleuse femme que je connaissais depuis 14 ans, mon amie, ma confidente, ma correspondante est maintenant celle qui fait battre mon coeur, celle qui fait que je ressens ce coup au coeur, ce manque d'air venant du simple fait de penser à elle, waouh, quelle sensation.

Certains d'entre vous ont ressenti quelque chose de semblable ? Je vous le recommande !!! C'est bon de voir un sourire se dessiner sur son propre visage quand tu penses à elle, j'ai donc désormais toujours le sourire !!! Sourire banana !!! Ma vie à présent s'ouvre à plus de rêves, mais aussi maintenant tous sont associés à elle et avec elle...

Je me sens très chanceux et heureux de partager ma vie avec Stéphanie, ceux qui la connaissent me donneront totalement raison !!! Je n'aurai pu gagner meilleure récompense dans la vie !!! Aujourd'hui, je me sens aussi très reconnaissant envers Dominique et Jean-Paul pour avoir fait une œuvre de vie tellement exceptionnelle... Stéphanie ! Merci beaucoup.

Les amis, j'espère tous vous voir très bientôt à Abrest pour célébrer avec nous l'immense chance que représente l'union de Stéphanie et de votre serviteur... je suis impatient de connaître beaucoup d'entre vous et de partager ces moments avec nos proches !!!

Et nous vous attendons également au Mexique, très bientôt ...

Salutations à tous

Arturo »

*

Un détail non négligeable à régler : la nuit de noce et le voyage de noce. Mes parents se sont chargés de l'hôtel pour les après festivités, autre surprise à découvrir... Et je me suis occupée de mon côté de la lune de miel.

Arturo ne saurait rien avant d'arriver à l'aéroport. Ce serait destination Barcelone pour quelques jours, puis la ville de Cambrils en Espagne sur la Costa Dorada.

La deuxième destination et l'hébergement ont pu être possible grâce à ma super marraine Charline et à son tendre époux Hubert. Charline est la meilleure amie de maman depuis l'école primaire.

Plus jeune, j'ai fait de nombreuses sorties au Futuroscope, à Eurodisney ou en Espagne avec eux, leur fils Fabien et ses cousins Anthony, Mathieu ainsi que leurs parents Frank (frère de Charline) et son épouse Michèle.

Que de souvenirs, que de rigolades, que de surnoms en tout genre que je vais taire bien volontiers !

Ayant un appartement à Cambrils - j'ai d'ailleurs eu loisir d'y passer des vacances auparavant - ils m'ont proposé de nous en faire profiter pour la lune de miel. Nous avons reçu beaucoup de témoignages d'amitié pour ce mariage, des coups de main de part et d'autre. D'autres amis de mes parents Gisèle et Daniel que je connais depuis « avant ma naissance », nous ont prêté des lits, des sacs de couchage pour l'hébergement de tout notre petit monde.

Charline et Hubert ont également accueillis des invités chez eux.

*

Et comme il est de tradition avant de faire le grand saut, mes amies m'ont organisé un enterrement de vie de jeune fille inoubliable !

En commençant par le costume, là je tire un grand coup de *sombrero* à Céline et à sa maman Anne-Marie. J'allais me voir revêtue grâce à elles d'une tenue typique mexicaine, comme on peut se l'imaginer.

Pour débuter la transformation, une longue perruque me tiendrait lieu de chevelure noir corbeau, voici le haut de la métamorphose, pour le bas, des sandalettes à talons orange vif. Et au milieu une très belle jupe rouge à jupon cousu par Anne-Marie et un tee-shirt customisé par ces demoiselles. Il représentait deux speedy gonzales, la petite souris des dessins animés, l'un avec mon visage et l'autre avec celui d'Arturo !

Pour compléter le tout, un beau chapeau, un sombrero rouge et une guitare plus vraie que nature en carton faites et décorée par Céline que je pouvais porter en bandoulière.

Me voilà parée pour affronter les rues lyonnaises. Enfin presque, il manquait le maquillage, bien que n'étant pas du tout discrète dans mes vêtements peu communs et colorés, je ne l'étais pas encore suffisamment au goût de mes amies. Pour la touche finale, ce fut Marie mon amie depuis le collège qui se mit à l'ouvrage, avec un plaisir non dissimulé. Noir charbonneux aux yeux et rouge à lèvres carmin, tout ce que j'aime, pour passer inaperçu.

*

Nous étions une bonne bande, ma cousine Aurélie, des copines de travail actuel ou passé Manue et sa soeur, Cécile, Mélanie, mes deux témoins Marie Stéphanie et Céline, notre talentueuse maquilleuse Marie, Delphine une copine de l'époque des études à Saint-Etienne, Aurore une amie de Céline et voisine d'appartement.

Voilà notre joyeuse troupe descendant de l'ascenseur et chantant à tue-tête « Mexico, Mexxiiiicooooo ! ».

Petit détail supplémentaire pour compléter ma tenue un panier en osier rempli de Pepitos, les biscuits recouverts de chocolat, avec son fameux personnage représentatif : un mexicain…

Avant le départ, j'eus droit à un coffre aux trésors, immense malle garnie de surprises, la boîte aux souvenirs remplie de petites merveilles que seule moi et la personne ayant déposé l'objet pouvaient comprendre. Céline avait glissé un poster de mannequin car nous avons eu toutes jeunes ado notre période achat de poster de mannequin. Il y avait également des lunettes aux montures épaisses en plastique, copie conforme de celles que je portais à l'époque, un pot de fromage blanc et des fraises datant de l'ère Mélanie, durant laquelle nous avions décidé de nous mettre toutes les deux au régime fromage blanc fruits, il ne dura pas longtemps et n'eut pas le succès escompté.

Mélanie avait également déposé un croquis de sa main qui allait devenir le tatouage que j'ai dans le bas du dos depuis sept ans maintenant, des orchidées associées à une inscription en idéogramme signifiant « le caractère sans nuage ». Je ne peux vous faire la description de l'ensemble des trouvailles que recelait ce coffre mais chacun des souvenirs nous replongeait dans le passé pour notre plus grand plaisir à toutes !

*

Toutes les amies présentes avaient reçu une invitation sous la forme d'une carte décorée et personnalisée me représentant. Mon amie Evelyne avec sa créativité et son talent habituel avait customisé ces invitations faisant de chacune une pièce unique. Nous portions toutes la notre en pendentif.

Nous voilà parties dans le bus, à chanter en espagnol ou en semblant d'espagnol sur le parcours nous amenant aux artères névralgiques de la ville. Notre but étant de récolter quelques deniers en échange des Pepitos. Les gens furent plus ou moins réceptifs et coopératifs, mais la bonne humeur de cette ribambelle de filles ne s'est jamais tarie tout au long de l'après-midi et de la nuit.

Marie faisait preuve de beaucoup d'imagination pour attendrir le passant lyonnais et lui faire ouvrir son porte-monnaie. Beaucoup de fou rires à la clé !

*

Arrivées sur une place stratégique de Lyon, celle des Terreaux, nous nous sommes installées sur les marches du Palais des Beaux-Arts où j'avais pour défi de croquer mes amies, les dessiner sur une grande feuille qu'on utilise aux Beaux-Arts qui se nomme format raisin. Munie de mon courage et d'un marqueur, j'entrepris de dessiner mes camarades de jeu. On ne manquait pas de susciter l'attention des promeneurs...

Le repas du soir - encore une surprise - aurait lieu dans un restaurant mexicain. En arrivant, nous avons dû descendre les escaliers pour arriver dans l'antre latino, un restaurant fait de voûtes en pierres, à l'ambiance très conviviale.

A côté de notre tablée se tenait un anniversaire d'un jeune homme et de ses copains. Il n'allait pas falloir attendre longtemps pour qu'ils se joignent à notre soirée.

Le repas épicé se déroula au mieux, nous faisant découvrir et savourer les plats typiques mexicains, le tout bien arrosé par des alcools locaux. En descendant encore d'un étage, il y avait une piste de danse où plus tard nous irions nous dégourdir les jambes !

*

Nous avions déposé notre panier de gâteaux sur une petite table à côté de la nôtre. Cécile ayant vu l'un des jeunes hommes de la table mitoyenne en subtiliser un et faisant preuve de beaucoup de bravoure, elle n'a pas hésité à héler le jeune homme lui racontant le but de notre journée et lui quémander quelques piécettes.

La troupe masculine de fort bonne composition accepta la proposition et nous donna de l'argent pour notre cagnotte. Nous leur avons donc laissé nombre de biscuits en gage de notre reconnaissance. Le garçon qui fêtait son anniversaire sur ces bons échanges m'a d'ailleurs invitée à ouvrir le bal sur un rock endiablé. Nous avons eu droit de sa part, sous les encouragements et les cris de mes acolytes à un strip-tease soft, il a tombé la chemise comme dit la chanson, pour le plus grand plaisir de notre troupe. Les coquines !

Après avoir bien fait honneur à tout ce que la cuisine mexicaine nous offrait de saveurs, nous sommes allées brûler nos calories sur la piste de danse. On pouvait faire les DJ car le propriétaire nous laissait carte blanche pour mettre de l'ambiance et il y en eu. On s'est défoulé un maximum sur des rythmes endiablés.

Après, tout ce petit monde est rentré se coucher, pour celles qui vivaient sur Lyon dans leur appartement et pour celles qui venaient de plus loin chez moi.

*

Puis quelques semaines après cet excellent enterrement de vie de jeune fille, arriva une autre fête, le 28 Avril, mon anniversaire, avec comme cadeau s'il vous plaît une arrivée au vol du soir de la famille d'Arturo et de mon futur époux.

Au programme, dès le lendemain, le voyage en train destination Abrest et la demande officielle à mes parents. Demande de principe, mes parents allant difficilement lui refuser ma main quelques jours avant la date, alors que tout était réservé, programmé ! Mais cet acte d'engagement sous cette forme et tout ce qu'il implique a une importance toute particulière chez les mexicains qui conservent certaines valeurs que l'on a peut-être un peu tendance à oublier. Un moment émouvant à venir...

Comme à notre désormais « habitude », je ne pus arriver à temps à l'aéroport, second rendez-vous retardé. La pluie, la circulation, le taxi qui n'avançait pas, je ne tenais plus en place sur mon siège. Je n'allais pas être là à l'heure prévue, décidemment. Je déteste pourtant être en retard. Je ne voulais pas faire mauvaise impression à ma future belle-famille.

Malgré toutes mes prières et incantations, ma montre affichait quelques minutes de retard à l'arrivée, personne ne semblait trop remonté contre moi. Ouf.

*

J'avais préparé le dîner pour la famille, avec au menu une quiche au saumon maison sur lit de salade et en dessert des macarons.
Une bonne nuit de sommeil allait être nécessaire pour tout le monde car le lendemain, la journée s'annonçait tant angoissante que fantastique.

Réveil matinal, levée aux aurores je m'empressais d'aller acheter chez ma boulangère préférée de bonnes viennoiseries françaises à leur faire découvrir, brioches aux pépites de chocolat, brioches aux pralines, pains au chocolat, chaussons aux pommes, pains aux raisins, croissants, bref de quoi sustenter les appétits les plus féroces !

Un peu de stress cependant avant de prendre le bus qui comme s'il le faisait exprès avait vu ce jour-là précisément supprimé celui que nous devions prendre, pour attendre l'œil rivé sur nos montres le suivant.
Heureusement je n'habitais pas loin de la gare, mais l'arrivée fut au pas de course, bien chargés avec les valises, avec avant de franchir la ligne d'arrivée une belle montée quatre à quatre des escaliers, pour s'asseoir et enfin souffler sur nos sièges.

Appel à mes parents, « le colis est dans le train, je répète le colis est dans le train ». Forcément mes parents appréhendaient la rencontre, le caractère formel de la demande, mais ils attendaient aussi impatiemment la rencontre avec leur futur gendre et la belle-famille.

*

Arrivée en gare de Vichy, salutations et présentations de rigueur, puis séparation des invités dans les voitures et direction la maison !

Comme amuse-gueule une petite visite des lieux, maison, terrain et nous entrons déjà dans le plat de résistance, la demande en mariage.

Le papa d'Arturo avait préparé son discours sur une feuille de papier, en substance, avec beaucoup d'émotions de part et d'autre, il a dit qu'ils m'accueillaient avec joie au sein de leur famille, qu'ils me protégeraient et veilleraient sur moi comme sur leur propre fille, que je ne serai jamais seule ou isolée, puis il a passé le relais à Arturo qui lui aussi avait préparé un discours écrit mais qui au final a préféré improviser.
C'était très beau, venant du cœur.

Puis Arturo a posé la question à mon père, s'il acceptait de lui donner la main de sa fille.

*

Réponse « Oui », à une semaine du mariage, il valait mieux ! S'en suivit l'échange des anneaux de fiançailles sous les applaudissements de tous. Ma bague est très belle, en argent, faite de deux lianes torsadées qui en leur point de rencontre font éclorent un diamant, très fin, très pur.
Après nous avons fêté cela au champagne et mes parents ont ouvert les nombreux cadeaux que la belle-famille avait apporté dans leurs valises.

*

Les festivités se poursuivirent par la découverte de Vichy, ses parcs, ses lacs, ses sources d'eau curatives au goût soufré.

La semaine qui allait débuter marquait la dernière ligne droite avant le Jour J. Dans un désir d'apaisement du stress que j'imaginais important, je nous ai programmé un petit séjour de deux jours à EuroDisney pour décompresser et se retrouver en tête-à-tête. Pendant ce temps, les parents d'Arturo accompagnés de Marilù et Norma allaient visiter la capitale et dormir dans la maison de nos copains parisiens la famille Laval qui les ont gentiment accueillis et guidés dans les méandres de la capitale.

Les journées dans le parc d'attraction furent féeriques, romantiques à souhait et remplies de sensations plus ou moins fortes selon les manèges. On était sur notre petit nuage savourant nos retrouvailles et notre projet de vie commune qui allait se concrétiser dans les jours à venir.

En terme de timing, tout était prêt, il ne restait plus qu'à confirmer que tout le monde était ok, photographe, DJ, traiteur, aller récupérer les dragées et rouler jeunesse !

*

Nous allions aussi accueillir la veille du mariage le témoin d'Arturo, Jorge et son amie allemande Uli, Tomoko l'amie japonaise et enfin nos autres grands voyageurs mexicains qui seraient hébergés soit chez ma marraine, soit dans des hôtels du centre-ville.

Théoriquement on s'imagine la veille du mariage teintée de tranquillité, de sérénité, les deux fiancés allant dormir de bonne heure afin d'être bien reposés pour la grande journée qui les attend et le mitraillage photographique. Ce ne fut pas exactement sous ce scénario idéal que se déroula la soirée.

Laissez-moi vous la conter…

*

L'ordre des évènements sera dans la mesure du possible respecté, mais ma mémoire ayant parfois des dérapages plus ou moins contrôlés, soyez cléments avec moi.

Nous avons le vendredi - soit à J-1 - , en fin d'après-midi accueillis à la gare les parents d'Arturo, sa sœur et sa copine qui arrivaient ravis et bien fatigués de leur périple parisien. Puis ce fut au tour de Tomoko de poser pieds sur le quai vichyssois. Elle venait de Lyon où je lui avais prêté mon appartement afin qu'elle découvre la ville. Mes amis Laurent et Karim ayant fait les chevaliers servants en son honneur et dressés haut et fort les couleurs de la galanterie française.

Au fil des heures, le flot d'amis devait se succéder avec la régularité d'un métronome, mais petit dérapage dans le planning, notre troupe mexicaine a eu des soucis d'avion et de train, ils eurent donc pas mal de retard au final. Jorge et Uli se sont perdus quasiment à l'arrivée et ont dû faire de multiples tours et détours avant de retrouver leur chemin.

Le stress, invité non désiré, commençait donc à pointer gentiment son nez. Heureusement comme dans les meilleures histoires tout s'est bien terminé avec l'arrivée à bon port de tout notre petit monde. On a organisé un repas sur le pouce, à la bonne franquette fait de produits locaux tout en partageant les anecdotes de la journée et le plaisir d'être réunis.

Bilan des courses, au lit à 2 h 30 du matin… Nous imaginions déjà notre mine déconfite le lendemain et les jolies cernes pour les photos !

*

Je vous rassure finalement il n'en fut rien, nous étions tous en forme, exaltés et fort impatients. Au programme du samedi, pour ma part passage chez le teinturier pour déposer le costume de mon futur beau-papa qui avait été un peu froissé durant le voyage, puis coiffeuse et maquillage.

Moment très agréable chez la coiffeuse, de détente, de décontraction, une coiffure toute simple comme je la souhaitais, les cheveux mi-longs peignés bien droit, bien lisse. Je ne me serais guère sentie à l'aise avec un chignon sophistiqué ou des ajouts de cheveux. Sortant de chez la fleuriste, maman nous a apporté une orchidée qui serait disposée sur l'une de mes mèches.

Une bonne dose de laque pour que tout reste en place et c'est parti pour le maquillage, que je voulais sobre et discret. Maman enchaînait après moi avec la coiffeuse pour se faire elle aussi toute pimpante. Des essais de maquillage avaient eu lieu quelques semaines auparavant, nous avions opté pour des camaïeux de rose, prune et violine pour faire ressortir les yeux verts de la « pour quelques heures encore » Demoiselle Rigaud.

Me voilà fin prête, vérification dans le miroir, je trouvais le tout plutôt joli bien qu'un peu trop soutenu à mon goût, n'ayant pas l'habitude, j'attendrai le verdict maternel pour compléter cette première impression. C'était plutôt drôle de se promener très apprêtée sur la partie supérieure de mon corps et décontractée en jean et tee-shirt sur le bas. Je récupère le costume et file à la maison sans perdre de temps.

Désormais l'objectif étant avec l'aide de maman la mise en place de la robe, découvrir mon futur époux dans son beau costume et partir faire les photos. Le timing était un peu serré, donc au travail.

*

Nous nous sommes isolées toutes les deux dans le garage qui avait été complètement réaménagé et décoré pour l'occasion afin d'y accueillir mes parents qui avaient laissé leur chambre aux beaux-parents et une chambre pour Marie Stéphanie, l'une de mes témoins. La seconde, Céline et son amoureux Sébastien allaient dormir quant à eux chez sa maman, qui vit dans la région.

Honnêtement je me sentais très sereine, presque zen et complètement heureuse. Du côté maternel, un petit peu de stress pour arriver à mettre les boutons de mon bustier, il faut dire qu'étant tout neuf, il n'y avait qu'un mince espace entre la boucle et le bouton, boutons qui étaient bien nombreux à devoir accrocher, rendant le travail compliqué pour une maman émue.

Paroles rassurantes pour la tranquilliser et le bustier tout comme la jupe furent bientôt en place. Vérifications que tout était bien positionné, les boucles d'oreille, la fleur, ok. Nous voilà fin prêtes pour accueillir le futur époux.

Marie Stéphanie est descendue la première me voir, à son regard et à ses mots, j'ai cru comprendre que le résultat lui plaisait ! Pendant ce temps-là, la famille mangeait à l'étage, j'allais de mon côté faire l'impasse sur la nourriture, je n'avais vraiment pas faim.

Mon grand-père et mon père courraient dans tous les sens pour parer la voiture de beaux nœuds bleu et blancs et en distribuaient pour que tous les invités du cortège puissent faire de même sur leurs voitures.

*

Et là, arrêt sur image avec la descente des escaliers de mon Arturo, beau comme un dieu dans son costume noir, chemise blanche, petit gilet et cravate bleue. A son sourire et à son œil pétillant, je crois que nous pouvions être satisfaites du travail accompli sur ma petite personne. Il paraissait plutôt content de voir sa fiancée ainsi.

*

Mais pas une minute à perdre, David notre photographe avait repéré les lieux avec mon père en début de matinée afin de sélectionner les meilleurs coins et angles de vue pour immortaliser cette journée.

Nous n'avions plus qu'à nous laisser guider, placer et c'était dans la boite. Je prenais grand soin à ne pas salir ma robe en cheminant dans les parcs, du vert ou de la boue n'auraient pas été du meilleur effet sur la belle texture soyeuse.

David a fait un travail fabuleux, il a su composer avec des corps bien tendus au début, mais a trouvé les mots pour nous mettre à l'aise et nous décontracter.

Le crépitement de l'appareil allait bon train, papa l'œil rivé sur sa montre maintenait le bon timing, tout fut mené au pas de course mais dans le temps imparti. David aurait les clés de la maison pour pouvoir monter et préparer les photos qu'il nous présenterait durant la fête, le soir même sur ordinateur.

*

Retour à la maison, tous les amis partent les uns après les autres, direction la mairie, Arturo, sa sœur et sa meilleure amie dans la voiture de sa future belle-maman, papa et moi-même dans une autre terminant le cortège.

Quelques minutes avant de partir, un klaxon a retenti, c'était le bus des copains - pour la plupart lyonnais ou de la région lyonnaise - qui arrivait. Du côté de Lapalisse et de la maison de campagne, la ruche s'est remplie tout au long de la matinée de nouveaux arrivants. La gestion des invités, un carnet avec leurs noms à la main était menée avec brio par mon oncle Bilou et ma tante Flo.

Le matin, pendant que je me préparai, deux ou trois voitures de copains lyonnais qui ne connaissaient pas les lieux devaient faire route jusqu'au point de rendez-vous la maison de campagne, *Le Vacabon*.

Certains amis, « les guides » étaient déjà venus faire de petites fêtes dans les lieux, mais la plupart se seraient perdus sans la voiture éclaireur.

Il faut préciser que pour accéder à la maison sans connaître et malgré des indications, c'est assez périlleux et bien souvent voué à l'échec. Il s'agit de s'enfoncer au fin fond de la forêt, faite de petites routes sinueuses qui se ressemblent toutes. Mes parents avaient mis aux points stratégiques des ballons pour remettre sur le bon chemin les personnes qui se seraient déviées de leur route.

On avait pensé à la location de ce bus par mesure de sécurité, sachant qu'après la soirée, la plupart auraient dû prendre leur voiture pour retourner à la maison de campagne. Connaissant les chemins tortueux et sachant qu'en général la boisson de prédilection des invités lors d'un mariage n'est pas l'eau, pour être tranquilles et profiter l'esprit serein du moment, la solution du bus s'était imposée d'elle-même.

*

Donc coup de klaxon nous avertissant que le bus passait devant la maison, la mairie étant à cinq minutes de chez mes parents, on leur a laissé le temps d'arriver, de se mettre en place et à nous de jouer.

La voiture était très belle, avec un bouquet de fleurs sur l'avant et un autre sur la plage arrière, parée de nombreux nœuds aux portières et aux rétroviseurs. Les fleurs rappelaient celles de mon bouquet, des arums blancs agrémentés de touches florales violettes. En arrivant, de loin je commençais à voir toute la famille, les amis, les collègues. Je me sentais vraiment bien et contente d'apercevoir autant de gens chéris réunis en un même lieu.
Sortie de la voiture sous les applaudissements, je ne savais où donner de la tête pour saluer tout le monde, prise dans le tourbillon des paroles réconfortantes.

*

Entrée de la future mariée aux bras de son papa, suivi de sa maman et de son « bientôt beau-père », d'Arturo avec sa maman et enfin le cortège d'invités pour fermer la marche. Céline et Marie Stéphanie à ma droite, Jorge à notre gauche.

Une nouvelle petite fourmi bienveillante qui a fait de ce mariage une réussite fut Angélique. Diplômée en langues, et justement en espagnol, elle allait nous être d'un grand secours pour traduire les textes de lois et les mots de nos témoins en espagnol.

Monsieur le Maire, comme il me l'avait promis lors de notre entrevue a dit quelques mots en espagnol pour souhaiter la bienvenue aux mexicains et accueillir avec plaisir notre union. Ce fut une très jolie attention de sa part qui fut suivi par une salve d'applaudissements de la salle.
Après, les témoins eurent la parole pour nous dire ce que signifiaient pour eux notre union et que l'amour à notre image n'avait pas de frontière. Puis suivirent les textes de loi, les signatures des mariés et des témoins.

Un moment assez cocasse fut un quiproquo entre Monsieur le Maire et moi-même, pensant que le moment du baiser au marié était arrivé, je lui ai demandé si on pouvait faire le bisou. Il a compris que je souhaitais lui faire la bise, un grand éclat de rire y répondi. Je m'empressais de lui donner deux grosses bises sonores sur les joues. Un grand moment de rigolade dans la salle !

Rassurez-vous, nous avons bien eu par la suite, le « vous pouvez embrasser la mariée».
Tout le monde est venu nous féliciter, nous embrasser et nous dire avec beaucoup de tendresse leurs meilleurs vœux pour le futur. Puis sortie de la mairie sous une très poétique ribambelle de bulles de savon faites par les invités.

*

Après cela la traditionnelle photo de groupes revisitée par David. En général cette photo est plutôt guindée, les invités sont droits comme des « i », mal à l'aise. En innovateur génial, notre photographe a eu l'idée de dépoussiérer le mythe et de demander aux invités de mettre tous les bras d'un côté « clic photo » puis de mettre tous les bras de l'autre côté « clic photo ».

Cela donne des images en mouvement très dynamiques où les gens surpris sont à l'aise et souriants. Cette photo à cet endroit précis avait beaucoup de sens à mes yeux car mes grands-parents paternels s'étaient mariés et avaient pris une photo à ce même endroit bien des années plus tôt.

Ce bon moment passé, nous traversions tous la route sous les klaxons et applaudissements des badauds, pour rejoindre à pied la petite église où se poursuivait la journée. Le long cortège dévala donc la rue nous ralliant de la mairie à l'église, il n'y avait que très peu de chemin à parcourir, mais visuellement ce serpent humain ondulant d'un côté et de l'autre était très graphique.

La plupart des invités avaient froids, il faut dire que le temps était gris avec un peu de vent.
Moi qui étais dos nu je ne ressentais pas du tout cette fraîcheur, l'émotion et l'énergie procurées par l'évènement devaient y être pour beaucoup.

*

La bénédiction dans cette église avait également terriblement de valeur à mes yeux, elle avait vu le sacrement de mes grands-parents et le baptême de mon oncle et mon père. Ce ne serait qu'une bénédiction sans échange d'anneaux, la cérémonie religieuse se déroulerait au Mexique, quelques mois plus tard.

Les invités sont entrés les uns après les autres sous les airs prenants de l'*Hallelujah* de Jeff Buckley, une chanson qui remue tant elle donne la sensation d'élévation, puis maman et mon désormais beau-père ont suivi, Arturo au bras de sa maman et enfin papa et moi-même en dernier.

Ce fut un instant très beau, presque intemporel avec une sorte d'arrêt sur image où tous les regards se portent sur nous. Dès l'entrée, je regardais le visage d'Arturo au loin qui se faisait de plus en plus net à chaque pas, son regard rempli d'amour et au final sa main accueillant la mienne.

Chacun à notre tour nous avons tenu à remercier les êtres chers présents et ceux qui nous manquaient en ce jour, parce qu'ils n'étaient plus de ce monde pépé Lucien, mémé Denise et Rita la grand-mère d'Arturo ou ceux qui n'avaient pu faire ce coûteux voyage la petite sœur d'Arturo Liz et Benito son époux.

Notre diacre fut réellement parfait tout au long de la cérémonie faisant de son prêche quelque chose de très vivant et humain, en y mettant par petites touches des comparaisons très bien trouvées entre le monde de l'informatique (lié à ma profession) et celui de Dieu.

*

Un des passages clé qui a ému toute l'assemblée fut le récit de notre histoire par ma cousine Aurélie tout d'abord en espagnol, puis dans notre langue.

Ce fut un moment incroyable qui marquera longtemps les esprits des invités présents. Sans aucune note, elle a décrit comment nous nous sommes connus par nos lettres échangées tout au long de ces quatorze années, notre parcours main dans la main à des milliers de kilomètres de distance jusqu'à notre rencontre physique et ce feu d'artifice, notre mariage.

Arturo avait les larmes aux yeux devant ce témoignage prenant, tout le monde est entré en communion totale avec Aurélie qui a su nous transmettre émotion, et une vraie tendresse qui lui est propre. Je reste aujourd'hui encore le cœur heureux et reconnaissant face à cette marque d'amour.

Nous avons ensuite lu chacun à notre tour dans notre langue des textes sacrés qui nous parlaient à tous les deux. Nos anneaux de fiançailles furent bénis.

La cérémonie touchait à sa fin et les amis se dirigeaient vers la sortie. Nous avons terminé le cortège, une brassée de pétales de roses multicolores a salué notre arrivée sous le porche de l'église accompagnée de nombreuses petites bulles orangées et bleutées que les invités soufflaient de chaque côté de l'église.

Nous ne nous sommes pas privés de poser tel un sceau sur notre nouvelle union de Monsieur et Madame de Gaytan de longs baisers. L'heure était maintenant aux photos avec les mariés. La famille et les copains ont défilé à tour de rôle sous l'objectif pour garder trace de l'évènement.

*

Il nous restait désormais à fêter notre amour, en commençant par le vin d'honneur sous le signe du champagne. La file indienne d'invités a poursuivi sa descente jusqu'à la salle en contre bas. Comme les mariés sont des privilégiés, nous avons quant à nous rallier les quelques mètres qui nous séparaient du lieu de la fête en voiture.

Des amuse-gueule, des petits fours et du champagne attendaient nos amis qui ne se firent pas prier pour savourer les mets et boissons qu'on leur proposait. Notre troupe mexicaine a pu goûter et pas que du bout des lèvres notre or pétillant. Ils pensaient que ce serait tout le champagne que nous aurions au cours de la soirée. Ils lui firent donc tous les honneurs dès l'apéritif.

Ce fut un moment privilégié pour que je présente mon désormais époux aux proches et amis qui ne le connaissaient pas encore et ainsi discuter sereinement avec tout le monde. Sous les applaudissements des invités, nous avons pu entendre le chant des mexicains « a la bim, a la bom, a la bim bom bam por los novios » petite chanson typique en notre honneur.

*

Peu à peu les personnes seulement invitées au vin d'honneur regagnèrent leurs voitures et les autres entrèrent dans la salle.

Les tables avaient comme nous les avions imaginées été drapées de nappes blanches avec en leur centre un plan de table bleu nuit qui laissait de chaque côté dépasser un pan de la nappe blanche. Des vases longilignes portaient en leur sein un arum et quelques feuillages qui donnaient une allure très pure à l'ensemble. Chaque invité aurait droit à une perle de verre et à des dés ronds. Sur les conseils d'Evelyne, toujours pleine d'idées, nous avons utilisé comme porte nom des cartes postales de la région vichyssoise. Ainsi chacun repartirait avec un visuel d'un haut lieu touristique de la ville.

Lionel, notre talentueux directeur artistique, nous avait également sur le modèle de nos invitations crée les menus dont chacun avait un exemplaire à sa place. Enfin, un petit galet de la rivière était présent sur chaque table avec un numéro, ainsi tout arrivant savait sur quelle table il allait passer la soirée.

*

Pour terminer le décor, une estrade sur laquelle officierait Anthony notre DJ et devant celle-ci, les instruments du groupe de Gautier qui allait déchaîner les foules sous ses accords rock.

Tous prirent place petit à petit et la fête tout d'abord gustative commença. L'entrée composée de foie gras pour les uns et de croustade de crabe au guacamole pour les végétariens dont je fais partie allait réveiller nos papilles.

Le vin telle une fontaine intarissable sustentait avec délice toutes les tables, même les plus assoiffées. Entre les plats, des intermèdes musicaux s'enchaînaient, avec en prélude, la première danse qui nous était dédiée. Nous avons choisi une chanson espagnole, notre musique fétiche *Te Necesito* « J'ai besoin de toi » du groupe Amaral.

Puis ce fut au tour de la guinguette de mener la danse, là mes grands-parents Daniel et Thérèse purent nous montrer leur harmonieuse entente.

*

Au tour de Gautier et son groupe d'entrer en scène pour nous faire vibrer sous les rifs puissants ou mélodieux de mes groupes préférés. Tout le monde a adoré leur prestation juste et entraînante !

Les parents d'Arturo, Marilù, Norma et Pilar partageaient leur table avec mes grands-parents et la fantastique sœur de mamie qui se nomme Dolorès dont je ne vous ai pas encore parlé. D'origine espagnole, elle parle toujours la langue et par sa bonne humeur et sa vivacité à plus de quatre-vingt-dix ans a fait passer un excellent moment à tous ses voisins.

*

Après cela, tous les invités se sont levés, un papier à la main, pour aller se placer devant l'estrade. Nous nous sommes regardés avec Arturo, intrigués par ce qui allait se jouer devant nous.

Puis la chanson *Mexico* de Luis Mariano a joué ses premiers accords, les paroles modifiées étaient reprises en cœur par tous les convives.

Les voici, elles sont nées de la plume, de l'imagination fertile et toujours juste de Céline, ma témoin, un merveilleux témoignage d'amitié et de créativité.

1. *C'était durant la 4ème,*
qu'une première lettre d'Arturo,
changea la vie d'une collégienne,
saisissant l'aubaine
d'un beau latino.

Correspondant d'semaines en semaines,
avec cette fille au sang chaud
et bien que très lointaine,
il rêve de faire sienne,
la belle Rigaud.

Ils oublient tout,
même la distance, même le boulot,
ils deviennent fous,
de l'un de l'autre, sont accros.

C'est lors d'une virée parisienne,
treize ans après leurs premiers mots,
qu'enfin le temps d'un week end,
au bord de la Seine,
Lyon rencontra Mexico.

REFRAIN

Arturo, Arturiiiiiiiii toooo !
a volé le cœur de Stéphanie
se marient en ce jour,
pour goûter au bonheur de l'humour.
Stéphanie, Stephaniiiiiieeeee !
va le rejoindre dans son pays.
Et vous serez toujours
Au paradis des cœurs et de l'Amour.

2. Une aventure mexicaine,
d'une « gâte» éprise d'un gaucho,
ça dure la vie éternelle
petite escale en Auvergne
ou pied à terre à Mexico.

Ce 5 mai, ils jurent qu'ils s'aiment,
Ils se marient les tourtereaux.
Famille, amis les soutiennent,
les fêtent et les entraînent,
à suivre leurs idéaux.

Ils oublient tout,
Cochonnaille et desperado.

Ils deviennent fous,
au son des rythmes latinos.

Que cette passion sans frontière,
vous apporte de jolis marmots,
un voyage autour de la terre,
ensemble pour la vie entière,
Stéphanie et Arturo !

Attention, copyright © Céline DE BLOCK !

*

Nous n'étions cependant pas au bout de nos surprises, un peu plus tard dans la soirée, ce fut au tour d'un groupe de copains, originaires de la ville de Chauffailles et de ses environs qui costumés, sont venus nous proposer de participer à un jeu de questions - réponses sur nos deux pays respectifs.

A chaque mauvaise réponse, Arturo se voyait paré d'un symbole de la culture française et à l'inverse, je me retrouvais déguisée avec un accessoire typique de son pays.

A la fin du jeu, Arturo avait des charentaises, une bouteille de vin, une baguette, une peluche en forme de coq et un béret ! Quant à moi, j'étais des plus séduisantes avec une moustache, un sombrero et un poncho. Un grand merci à Ingrid et Elvis qui m'ont offert ce beau sombrero, pas une pâle copie, mais bien un original acheté au Mexique.

De biens jolis mariés que nous avions là, et surtout une super organisation des copains Mimile, Florence, Loïc, Maryline, Ludo, Angélique et Lionel !

La soirée se poursuivit dans la bonne humeur, avec les plats délicieux, le vin très apprécié des connaisseurs et de tous d'ailleurs, la musique, en somme le plaisir d'être réunis tous ensemble.

Puis les lumières s'éteignirent et le pâtissier fit son apparition, il n'arriva pas les mains vides... Sur une belle nappe blanche la pièce montée faisait sa grande entrée avec des mini feux d'artifices crépitants, mais attention pas la traditionnelle pièce montée, celle-ci s'était dédoublée, deux pièces montées pour les grands gourmands que nous sommes tous. Mais leur caractère unique venait de leur forme, nous avions devant nous une immense Tour Eiffel et une des Pyramides de Teotihuacan, un symbole de chacun de nos deux pays.

C'est un travail original qui a été spécialement réalisé pour l'occasion, c'était non seulement magnifique à voir, mais pas une miette de choux à la crème ou du caramel ne s'est perdue dans mon assiette ou dans celle de nos amis ! Une magnifique idée de mes parents qui nous a beaucoup touchée.

La musique a déchaîné les foules jusqu'à quatre heures et demie du matin, heure à laquelle, princes et princesses devaient regagner leur carrosse spécialement réservé pour eux qui allaient les raccompagner à Lapalisse, au Vacabon pour la nuit.

Des courageux nous ont aidé à nettoyer la salle des fêtes, merci Gisèle, Daniel, Amandine, Nicolas, Marie Steph, Arturo et mes parents pour leur maniement de la pelle et de la balayette à cette heure déjà bien avancée !

Puis nous fûmes emmenés à notre hôtel, le plus prestigieux de Vichy s'il vous plaît ! Et la suite qui nous attendait fut à la mesure de sa réputation.

Après, la nuit de noce a commencé et non Arturo ne fait pas parti des 70% d'hommes qui faute d'alcool sont incapables de savourer leur nuit de noce. Mais là c'est du privé !

*

Au programme du lendemain, le dimanche, nous avions rendez-vous au Vacabon, à la maison de campagne, afin de poursuivre sur notre bonne lancée ce fabuleux mariage.

Sous la serre complètement réaménagée, les tables étaient dressées pour profiter encore tous ensemble du week-end. Nous ne sommes pas arrivés dans les premiers, loin de là… C'était très drôle de voir les petites mines de tous les copains, dues au manque de sommeil.

Mon oncle et parrain Bilou, comme il est de tradition le lendemain d'un mariage avait préparé de très bonne heure la soupe à l'oignon qui fut fort appréciée par les chanceux ayant dormi là-bas !

La plupart des amis devaient reprendre la route dans l'après-midi pour rejoindre Lyon ou l'Allemagne pour Jorge et Uli, on a donc préparé des sandwichs pour que chaque estomac puisse être rassasié sur la route. Après avoir mangé, une balade digestive vers les étangs fut la bienvenue et déjà l'heure de se séparer, beaucoup avaient leur billet de train pour partir sur Lyon, sur Paris où un hôtel ou un avion les attendait.

On aurait tous voulu prolonger la fête plus longtemps !

*

Arturo et moi n'avions pas fini les festivités, nous poursuivions cette bonne lancée avec la lune de miel surprise. Arrivés à l'aéroport et repérage des panneaux d'affichage, notre destination serait Barcelone !

Au programme, la *Sagrada Familia*, le *Parc Güel*, deux des chefs d'œuvre de Gaudí, les tapas, la sangria et la bonne humeur communicative des espagnols…

J'avais réservé un hôtel très original, design selon ce que je pouvais voir via les photos du site Internet. Les chambres étaient d'un blanc immaculé, une télécommande à notre disposition permettait de créer des ambiances colorées et musicales qui pouvaient tourner en rotation, même chose dans les couloirs pour accéder aux chambres, des couleurs différentes guidaient nos pas.

Les effets sonores et visuels inattendus pouvaient varier selon notre humeur avec des couleurs douces, bleutées, une musique jazzy pour se reposer du voyage, ou tout d'un coup une lumière rouge, sous fond de rock pour se défouler après le repos des deux guerriers.

L'hôtel se situe à deux pas de la cathédrale et des *Ramblas*, les fameuses grandes rues commerçantes où il fait bon se balader. Au fil de notre promenade on est entré dans un très appétissant marché où les fruits et légumes multicolores d'une fraîcheur sans égal donnent envie de tout goûter !

*

Puis après ces quelques jours à Barcelone, nous avons rejoint l'appartement de Charline et Hubert à Cambrils et là, plage, soleil, farniente, bons petits restaurants, savoureux plats dont le fameux *fideu*, même base de recette que la paëlla sauf que le riz est ici remplacé par des spaghettis coupés très fin, un régal.

Mais déjà l'heure de boucler les valises et de reprendre l'avion destination Lyon avait sonné. Nous étions relativement chargés et comme bon accueil la France et l'un de ses habitants a eu la bonne idée de me voler mon portefeuille qui contenait nos deux passeports.

Le drame... Arturo devait repartir deux jours plus tard pour le Mexique. Arrivée lyonnaise très stressante, appel aux compagnies aériennes pour savoir si avec un mot de la préfecture de police indiquant le vol, il pourrait prendre l'avion du retour, réponse « non impossible », pour des longs trajets le passeport ou le visa sont obligatoires.

J'ai donc fait toutes les démarches administratives, préfecture pour déclarer le vol et appel à la centrale de bus pour voir si par miracle on n'avait pas ramené des passeports trouvés dans l'un de leur bus, réponse négative à chaque fois.

Arturo a donc dû se débrouiller comme un chef, aller seul à Paris - je reprenais le travail le lundi et ne pouvais l'accompagner - direction le consulat mexicain en France afin de se faire réaliser un passeport temporaire en urgence. Le patron d'Arturo a été très compréhensif merci Homero, devant cet évènement indépendant de notre volonté et finalement mon mari a pu changer son vol et le décaler d'une journée. Nos dernières heures passées ensemble furent donc assez folkloriques et teintées de stress.

Même si je n'y étais pour rien, je me sentais fautive et très mal à l'aise vis-à-vis d'Arturo. Lui ne m'a fait aucun reproche, a pris les choses calmement, analysant posément la situation à la recherche de la meilleure issue. Tu as été extraordinaire de réagir comme ça.

Avec une journée de décalage, je t'ai accompagné à l'aéroport et nous nous sommes donnés rendez-vous trois mois plus tard à Mexico, où je viendrai te rejoindre, cette fois-ci pour de bon. Ces quelques mois me permettraient d'être à jour au niveau administratif, de vendre les meubles de l'appartement, de finaliser l'organisation au travail et de me préparer à faire mes « au revoir » à la famille et aux amis.

Les jours passèrent extrêmement vite et tout s'est arrangé au mieux, l'un de mes collègues, David a pris la suite de la location de l'appartement et m'a racheté tous mes meubles, les impôts entre autre ont été prévenus, j'ai formé une collègue en cas d'appels de mes clients en matinée et plein de petites fêtes avec les copains ont rythmé ces dernières semaines en France.

Puis le départ, bien chargée, mais pour un voyage de ce type, j'étais bien obligée, deux valises achetées spécialement pour l'occasion et customisées avec des autocollants, la plus voyante était verte fluo avec des feuilles violettes collées dessus, si avec tout ça Arturo ne me voyait pas à l'arrivée...

Le vol s'est passé sans encombre, mon esprit vagabondant, se voyant d'ici peu dans ce nouveau pays d'adoption.

J'allais aussi découvrir à mon arrivée notre chez nous, notre appartement que je connaissais déjà en photos. Il nous a fallu batailler dur pour l'avoir. Ici, les conditions de location d'un appartement sont drastiques, il faut non seulement tous les papiers habituels comme en France, les trois dernières fiches de salaire, montrer patte blanche mais aussi la signature de quelqu'un étant propriétaire d'un appartement dans la ville où l'on souhaite louer.

C'est une mesure de précaution au cas où le locataire ne paierait pas son loyer, la personne lui ayant donné sa signature pourrait se voir hypothéquer son bien, charmante procédure.

Heureusement la maman d'Elizabeth, une collègue du travail d'Arturo a bien voulu nous donner sa signature et ainsi nous avons obtenu l'appartement.

Je devais aussitôt après mon arrivée au Mexique être prête pour retravailler. Je posais mes valises le samedi sur le sol mexicain et poursuivais mon travail dès le lundi matin. Arturo a tout mis en place avant ma venue, notamment la connexion à Internet pour que la transition se fasse en douceur et ce fut le cas.

Tous sont venus m'accueillir à l'aéroport, m'aidant avec les bagages fort lourds. On a été ensuite ensemble à l'appartement que j'ai découvert avec émotion, très classe, meublé avec goût par le propriétaire, beaucoup de tableaux, bien agencé. On a partagé une pizza, Liz et Benito nous ont offert un ensemble de verres dans lesquels nous avons trinqué à mon arrivée, puis tout le monde est reparti chez soi, car la voyageuse commençait à sentir les effets du décalage horaire...
J'oublie presque de vous dire que m'attendait dans un beau vase bleu un bouquet de fleurs de lys orangé.

En franchissant la porte de notre chambre, une autre surprise romantique se dessinait sous mes yeux, le dessus de lit était recouvert d'un tapis de pétales de roses qui formaient un cœur avec en son milieu écrit « je t'aime ».

Ma nouvelle vie version mexicaine commençait.

*

Le Mexique est connu pour la gentillesse de ses habitants, leur sociabilité mais aussi pour leur goût immodéré de la fête. Ici toute occasion est bonne pour festoyer, mes belles-sœurs m'ont donc organisé un fantastique enterrement de vie de jeune fille dans l'appartement de l'une d'elle, Liz, le tout à la sauce mexicaine ! Sur les murs de l'appartement, de nombreux ballons, des décorations, des cœurs avec nos noms à Arturo et à moi-même, très original, très bien trouvé.

Arturo tout comme moi n'est pas friand des strip teasers/seuses, qui font partie communément de chaque enterrement de vie de jeune fille. C'est très sympa selon moi pour une fiesta pour quelqu'un d'autre mais pour soi-même non, étant plutôt pudique je ne le sentais pas trop d'avoir un strip-teaseur à la soirée, on en a donc parlé à nos deux organisatrices de choc.

Les fêtes de ce type en général se font en famille, il y avait différents membres de ma belle-famille, Guadalupe la tante d'Arturo, sa fille Teresa, son fils de quatre ans Rafita, seul représentant de la gent masculine de la soirée, ma belle-maman Marilù, ses deux filles Liz et Marilù, la belle-maman de Liz, et deux de ses filles Teresa et Lupita. C'est une très bonne idée de mélanger toutes les générations pendant ces rassemblements d'autant que chacune d'entre elle a beaucoup participé, quel que soit son âge.

La soirée avançant, l'air devenait de plus en plus chargé des effluves de tequila, le dit-alcool fut absorbé à tour de rôle par les participantes devenant au fil des heures de fort joyeuse humeur. Nombre de jeux ont été mis en place où chacune pouvait montrer son équilibre, son adresse, son déhanché de folie sur les rythmes latinos.

Des souvenirs avaient été préparés pour toutes les participantes, des petits cochons ou des vaches réalisées en shamallow par Liz et l'un de ses neveux Beto qui est très créatif. Et pour me mettre du rouge aux joues, des sucettes et des glaces en forme de « machine masculine à donner du plaisir » étaient offertes !

J'ai oublié de vous conter ma tenue, je portais sur la tête une sorte de voile, symbole de mon futur mariage religieux cette fois-ci, quelle chance d'avoir deux plus beaux jours de sa vie, se marier deux fois avec le même homme je précise… On m'a également mis une jarretière sur le pantalon.
Au cours de la soirée, mes yeux furent voilés par un bandeau. Je m'attendais au pire, la musique s'est arrêtée, je les écoutais rire, chuchoter, je me demandais ce qui allait m'arriver.

Puis une musique super entraînante est repartie sous les cris hystériques et les sifflets de ces dames. Deux mains ont pris les miennes et les ont amenées sur la partie charnue d'une anatomie masculine. A ce moment-là, on m'a enlevé d'un coup sec le bandeau et sous mes yeux non pas un mais deux strip-teasers faisaient leur apparition. Moi qui en général n'ai pas trop de mine, vu ma carnation très blanche, je peux vous dire que j'étais cramoisie !

Les strip-teasers mexicains, je ne peux vous décrire que ceux que j'ai pu voir, sont imaginatifs dans leurs portés athlétiques, très créatifs dans la manière de manger un fruit ou de faire un remake du Titanic version moins « nian nian» que l'original !

Une soirée pimentée dont je suis repartie avec des souvenirs plein la tête.

*

Puis le mois de septembre a pointé le bout de son nez avec dans son cortège l'arrivée de mes parents venus fêter notre mariage religieux.

Nous avons choisi comme date, celle de l'anniversaire de mon beau-père Arturo, le 22 septembre. Au programme de ces quelques jours avant le mariage, la visite des sites et monuments qui font la réputation de la capitale, puis séjour à Acapulco. Je ne ferai pas partie du second périple étant dans une période de forte activité au travail, ce seront mes beaux-parents et mes belles-sœurs qui guideront mes parents.

Trois jours avant le mariage nous avons décidé de visiter les pyramides dont je vous ai parlé un plus avant dans ce livre. Le temps était mitigé, nuageux. Nous avons courageusement gravi les nombreuses marches de la pyramide centrale pour arriver au sommet et se charger ainsi en énergie positive. Le soir venu, un bien perturbant constat s'offrait à nous, malgré les nuages le soleil était visiblement bien présent…

Je me retrouvais avec des bras de coureur cycliste, un bon coup de soleil version vanille fraise du plus bel effet !

Cela n'aurait sans doute pas eu beaucoup d'importance à n'importe quelle autre occasion, mais à quelques jours de mettre ma robe bras nus, ce n'était pas l'idéal. J'imaginais déjà les photos de ce grand jour avec mon allure de vainqueur du Tour de France...

*

La folle course, le sprint final était lancé avec pour objectif trouver une solution pour que les marques soient moins apparentes. Après avoir fait de nombreux centres commerciaux sans succès, nous en avons trouvé un qui ne nous promettait pas de miracle, les démarcations étaient fortes pour pouvoir masquer complètement les différences de teintes, mais qui pourrait au moins les estomper, sorte d'autobronzant professionnel, il allait rendre le blanc de ma peau moins livide et le rouge moins appuyé.

Ma crainte à ce moment-là étant de ressortir orange, ce qui aurait été encore pire. C'est vrai que tout cela est bien futile par rapport au sacrement prévu mais j'avoue ne pas avoir été très philosophe sur le coup. Finalement le résultat n'était pas transcendant mais un peu moins visible.

On espérait tous qu'avec les quelques jours nous séparant du jour J, les différentes tonalités de peau se fonderaient encore un peu.

*

Puis arriva le grand jour et l'heure d'enfiler la robe a sonné.

Je vous avais dit ma crainte de ne pouvoir entrer dans ma tenue, mes parents me l'emmenant dans leurs valises, je n'ai pu au fil des semaines faire des essayages. Finalement, de l'appréhension pour rien, je la remettais tranquillement, elle était même légèrement trop grande, alors vive le système D, des épingles à nourrice pour la fermer et le tour est joué.

Après cela, j'ai traversé la rue pour aller chez le coiffeur, je portais une chemise qui se déboutonne facilement afin de ne pas abîmer la future coiffure. Cette fois-ci, elle sera un peu plus étudiée qu'en France sous la forme de boucles de cheveux remontées, torsadées et parsemées de pâquerettes.

Javier le coiffeur a prononcé « Rabière » se chargera également du maquillage, pratique et efficace. Il m'a fait quelque chose de très beau, dans les tonalités violine pour les yeux et rosé pour les lèvres. J'estomperai par la suite un peu le rouge à lèvres que je trouve trop marqué. Ses doigts de magicien ont ensuite saupoudré d'un voile de texture couvrante ma peau afin de lier les teintes du coup de soleil à celles de ma carnation, une réussite.

Touche finale, il m'a accroché le voile, très voluptueux, fait de trois pans de tissu et se terminant avec un liseré de soie ondulant. Marilù ma belle-maman me l'avait offert.

*

Maman passera également par les mains expertes de Javier afin de lui mettre les cheveux sur leur 31 pour cette belle journée. Pendant ce temps Liz et Benito ont apporté les fleurs pour décorer notre voiture, ils sont les parrains des fleurs, ce sont eux qui se sont occupés de mon bouquet et des vasques de fleurs de l'église amenant à l'autel. Tout est parfait et même les tulipes blanches dont j'avais rêvé sont de la partie, je n'avais pas pu en avoir en France car la saison était terminée. Finalement j'en aurai eu à cette occasion associées à de jolies petites fleurs violettes.

*

Nous voilà fin prêts. Arturo porte le même costume qu'en France mais sa cravate pour cette grande occasion est grise. Quelques jours avant nous avons été à sa recherche, elle est composée d'un gris très lumineux rehaussé par des rayures d'un camaïeu de gris plus ou moins foncé.

Nous sommes dans notre voiture fraîchement parée de fleurs, Liz au volant et Marilù sur le siège passager, direction le centre universitaire CU de la UNAM, l'université où Arturo a fait ses études afin de réaliser les photos.

Là-bas, le photographe José dit Jos nous attend avec son frère afin de nous prendre sous toutes les coutures. Il y a des étudiants assis dans l'herbe qui nous font un bel accueil tout comme les petites filles venant me faire un bisou, la mariée revêt quelque chose de magique à leurs yeux.
La séance se déroule sans stress, plutôt décontractée et en même temps nous sommes filmés par un cameraman, quelle équipe rien que pour nous !

Etant en avance sur l'horaire prévu, les sœurs d'Arturo passent à la salle de réception où aura lieu la soirée afin de vérifier que tout se présente bien. Nous allons par la suite faire des tours dans le quartier afin de laisser aux invités le temps de s'installer dans l'église. Il est à noter que c'est la première fois que je vais la voir, surprise.

Vive la technologie, grâce au portable, on nous prévient que les invités sont là et qu'il est donc temps pour nous de les rejoindre. De très loin on peut admirer l'édifice religieux qui domine par sa stature monumentale. C'est impressionnant, on dirait plus un musée qu'une église, de forte inspiration de l'architecte Le Corbusier, elle ressemble a une sorte de vaisseau, de bateau futuriste.

*

Mes parents, ceux d'Arturo et notre équipe de photographes/cameraman nous attendent. Il ne nous reste plus qu'à gravir une bonne série de marches. Je me concentre afin de pouvoir les monter au mieux avec mes hauts talons.

Nous nous mettons tous en position, papa et moi fermant la marche. Il faut savoir que tous les parrains et marraines des mariés, ceux qui ont participé à la fête en achetant soit la Bible, soit les anneaux, soit les fleurs devancent la mariée. C'est pour les remercier de leur rôle et de leur implication dans cette fête.

La musique démarre, tous les invités sont debout et nous regardent rejoindre l'autel. Le prêtre est très jeune, la trentaine, il parait assez réservé. La structure interne de l'église est tout aussi originale, faite d'une immense coupole composée d'une architecture métallique, d'un style très décalé pour un lieu de culte.

*

Puis la cérémonie démarre, Rafael et Homero liront les textes sacrés en notre honneur.

Nous sommes agenouillés une bonne partie du sacrement, on m'a prévenue que nous avions la possibilité de nous lever si les crampes nous gagnent. A un moment donné Arturo me demande si je vais bien, si ce n'est pas douloureux, honnêtement je me sentais bien. Je sus plus tard que lui au contraire aurait bien aimé se dégourdir les jambes, sa question était en fait plus une demande déguisée que je n'ai pas comprise... désolée.

Ensuite, ce fut au tour du *lazo*, une tradition que nous n'avons pas en France. Il s'agit pour les parents ou les beaux-parents de passer autour des épaules des futurs mariés un lien, une cordelette faite en perles, ou en soie afin de symboliser leur union. C'est un objet chargé de sens, nous sommes reliés, nous ne faisons qu'un. Les parents d'Arturo étaient les parrains du *lazo*.

Après cela, un nouveau moment fort avec l'arrivée des *arras*, autre coutume que nous ne connaissons pas. Il s'agit d'un tout petit coffre en or rempli de treize pièces d'or. C'est un nouveau symbole pour indiquer que le foyer ne manquera pas d'argent au fil des années. Cette fois, c'est Marilù la sœur d'Arturo qui en est la marraine, elle dispose devant le prêtre le petit coffre, la Bible ainsi que nos chapelets afin qu'il les bénisse.

*

Mes parents sont par la suite entrés en piste, ils avaient pour rôle de nous emmener sur un petit coussin de soie nos anneaux. Ils ont ainsi remplacé mes grands-parents qui sont nos parrains d'alliances mais qui n'ont pas pu faire le déplacement jusqu'au Mexique. Nous avons échangé nos vœux et nos anneaux.

Avant de finir, je suis allée déposer un bouquet de fleurs aux pieds d'un tableau représentant la vierge de Guadalupe afin de la remercier de notre union et qu'elle nous porte bonheur.

Puis baiser au marié et nous sommes sortis les premiers avec Arturo, contrairement à la France où les mariés ferment le cortège. Les invités nous ont rejoint peu à peu, nous félicitant et nous embrassant. Quelques ultimes photos et nous nous dirigeons vers les voitures afin de se rendre au lieu de rendez-vous où nous fêterons notre union religieuse. La salle de réception se situe à cinq minutes de l'église.

*

Nous arrivons en dernier sous les applaudissements des invités. Notre table est au milieu de la salle, rien que pour nous deux, en amoureux avec en décoration devant nous une très belle gerbe de fleurs. Notre place centrale nous positionne en face de la piste de danse. Les tables rondes sont dans des couleurs or/marron, tout comme les sièges qui sont décorés d'un beau nœud marron glacé.

Nous faisons le tour des tables afin de souhaiter la bienvenue aux amis, Arturo me les présente, pour la plupart, je ne les connais pas encore. La soirée débute par un toast avec en maître de cérémonie Toño, un collègue et ami d'Arturo. Tous lèvent leurs verres et trinquent en notre honneur.

Lors de la soirée vont se succéder plusieurs groupes de musique et afin de donner du piquant à la fête une animatrice désinhibera les plus timides. Les musiques latines, salsa, merengue et les plats savoureux, riches en couleurs et saveurs se succèdent.

*

Arturo danse avec sa belle-maman, moi avec mon beau-papa, puis tous ensemble sur des rythmes entraînants. Un moment étonnant que je vais tenter de vous décrire maintenant, c'est au tour des mariés de monter chacun sur une chaise, à quelques mètres d'intervalles.

Un groupe d'hommes se forment autour des deux chaises et la musique repart. Ce sont les femmes qui vont commencer le jeu, elles se mettent les unes derrière les autres et serpentent entre les deux chaises, le but étant de faire tomber ou en tout cas de bien faire tanguer les deux chaises ou se trouvent les mariés.

Les cinq hommes autour de chacune des chaises ayant pour objectif de faire tampon entre les femmes et nous et ainsi nous empêcher de tomber.

La file indienne de femmes est restée très calme, pas très brutale en comparaison avec ce qui nous attendait.

Puis ce fut au tour des hommes de se mettre à la queue leuleu et là tout fut bien moins délicat surtout du côté de la chaise du marié qui au final tomba en douceur sous les applaudissements de la foule.

*

Un moment fort attendu par la gent féminine est sans aucun doute le lancer du bouquet, promettant un futur mariage à la célibataire le recevant. Toutes les jeunes femmes se pressaient donc pour être au premier rang prêtes à accueillir de leurs bras impatients l'offrande…

Après avoir touché le plafond, c'est Norma qui tel un gardien de but s'est jetée sur le bouquet ! Et comme il faut également faire plaisir à la gent masculine, ici aussi ils ont le droit à la même tradition mais le bouquet est remplacé par la jarretière de la mariée.

Arturo se chargea de faire glisser la jarretière et de me la retirer. Il est monté à son tour sur une chaise, mais avant de pouvoir lancer le précieux objet, l'animatrice très taquine a demandé à l'assemblée masculine d'onduler du fessier afin de montrer leur déhanché, le marié ne sera pas en reste, il devra lui aussi se prêter au jeu avant de jeter la jarretière.

Ce sera Gabriel, le cousin d'Arturo qui par rapidité et agilité en sera le grand vainqueur.

*

Entre deux danses, collés serrés, nous dégustions le repas et le bon vin. Un passage que j'ai beaucoup apprécié fut celui des ballons, de longs ballons à la forme allongée, multicolores, chaque invité au gré de son inspiration créait sa propre chorégraphie pour générer des effets visuels très futuristes.

Puis ce fut l'arrivée attendue par tous les gourmands, celle du gâteau que nous avons coupé ensemble Arturo et moi, uniquement la première part je vous rassure, après au tour du pâtissier de s'en charger.

Et pour clore cette magnifique nuit en beauté, une belle surprise était réservée au papa d'Arturo qui ce jour même fêtait son anniversaire... Un groupe de mariachis est entré sous une belle mélodie et nous avons chanté tous en cœur les *mañanitas*, le chant d'anniversaire en son honneur. Il fut très ému, tout comme l'assemblée dans son ensemble par cet hommage. Puis tous les invités sont peu à peu rentrés chez eux, certains plus difficilement que d'autres !

Nous avons regagné quant à nous une superbe suite pour terminer en feu d'artifice cette journée et cette nuit émouvante, romantique, riche en symboles, en sacrements et en engagements.

*

J'ai depuis notre union le sentiment qu'Arturo et moi sommes tous deux issus d'une même pierre qui aurait été brisée et dont les morceaux auraient atterri de part et d'autre de l'océan. La chance, la fortune, la destinée a refait un bloc solide de cette pierre.

Lien entre nos deux continents, moitié de toi, moitié de moi, trait d'union entre nous deux, désormais nous poursuivons notre chemin avec toi notre petit garçon, Esteban. Nous venons juste de t'accueillir parmi nous pour continuer à écrire notre belle histoire en trio.

*

REMERCIEMENTS

Je profite de ce livre pour transmettre mes remerciements à toutes les personnes qui ont participé de près ou de loin à notre histoire et à « nos » mariages, toutes celles citées au fil de ces pages ont une place très importante dans notre vie.

Je remercie ma famille en tout premier lieu et un merci tout spécial à ma maman qui par son œil aiguisé et ses judicieux conseils ont fait de cet ouvrage ce qu'il est.

*

Pour clore ce livre, cette tranche de ma vie, j'embrasse très fort mes deux amours, mes deux hommes Arturo et Esteban.

Vous me rendez très heureuse.